CB062501

Jogos, recreação e lazer

SÉRIE PEDAGOGIA CONTEMPORÂNEA

inter
saberes

Elisandro Schultz Wittizorecki
Ismael Antônio Bacellar Schaff
José Geraldo Soares Damico

Jogos, recreação e lazer

inter saberes

Rua Clara Vendramin, 58 . Mossunguê
CEP 81200-170 . Curitiba . PR . Brasil
Fone: (41) 2106-4170
www.intersaberes.com
editora@intersaberes.com

CONSELHO EDITORIAL
Dr. Alexandre Coutinho Pagliarini
Drª. Elena Godoy
Dr. Neri dos Santos
Dr. Ulf Gregor Baranow

EDITORA-CHEFE
Lindsay Azambuja

GERENTE EDITORIAL
Ariadne Nunes Wenger

ASSISTENTE EDITORIAL
Daniela Viroli Pereira Pinto

PROJETO GRÁFICO
Raphael Bernadelli

CAPA
Lado B (Marco Mazzarotto)

FOTOGRAFIA DA CAPA
Olga Popova/PantherMedia

1ª edição, 2013.
Foi feito o depósito legal.

Informamos que é de inteira responsabilidade dos autores a emissão de conceitos.

Nenhuma parte desta publicação poderá ser reproduzida por qualquer meio ou forma sem a prévia autorização da Editora InterSaberes.

A violação dos direitos autorais é crime estabelecido na Lei n. 9.610/1998 e punido pelo art. 184 do Código Penal.

Dados Internacionais de Catalogação na Publicação (CIP)
(Câmara Brasileira do Livro, SP, Brasil)

Wittizorecki, Elisandro Schultz
  Jogos, recreação e lazer/Elisandro Schultz Wittizorecki, José Geraldo Soares Damico, Ismael Antônio Bacellar Schaff. – Curitiba: InterSaberes, 2013. – (Série Pedagogia Contemporânea).

  Bibliografia.
  ISBN 978-85-8212-478-9

  1. Jogos educativos 2. Lazer 3. Recreação I. Damico, José Geraldo Soares. II. Schaff, Ismael Antônio Bacellar. III. Título. IV. Série.

12-09007   CDD-371.397

Índices para catálogo sistemático:
  1. Jogos: Métodos de ensino: Educação 371.397

Sumário

Apresentação, VII

(1) Concepções de recreação e lazer, 13
    1.1 Concepções de lazer, 18
    1.2 Concepções de recreação, 21
    1.3 Recreação e lazer no Brasil, 23
    1.4 Relações entre lazer e educação, 24

(2) Aspectos históricos e etimológicos do jogo, 29
    2.1 Os diferentes significados atribuídos à palavra *jogo*, 32

2.2   O jogo em outros idiomas, 34

2.3   Aspectos históricos do jogo, 37

(3)   O jogo: teorias e suas classificações, 45

    3.1   Teorias sobre o jogo, 50

    3.2   Classificação dos jogos, 56

(4)   A importância do jogo no desenvolvimento da criança, 63

(5)   O jogo e a formação pessoal do professor, 79

    5.1   O brincar e a intervenção do professor, 84

    5.2   Tratamento pedagógico dado ao jogo, 87

(6)   Jogos cooperativos, 91

    6.1   Tipos de jogos cooperativos, 99

(7)   Recreação terapêutica, 107

    7.1   O brincar no hospital, 111

    7.2   Entre o pedagógico e o terapêutico, 115

    7.3   Cuidados na realização da recreação terapêutica, 119

(8)   Políticas públicas de recreação e lazer: do modelo de Estado às ações cotidianas, 125

    8.1   Alguns conceitos norteadores da discussão, 128

    8.2   As políticas públicas de recreação e lazer, 135

(9)   Jogos indígenas no Brasil, 143

    9.1   O evento *Jogos dos Povos Indígenas*, 152

(10)   O jogo como recurso pedagógico, 159

    10.1   Jogos aplicáveis a atividades pedagógicas, 162

    10.2   Jogos corporais *versus* jogos eletrônicos, 166

    10.3   Construindo jogos e brinquedos com base em materiais alternativos, 169

Referências, 175

Gabarito, 179

Apresentação

Jogar é uma das manifestações mais antigas da humanidade, podendo-se até mesmo afirmar que é um fenômeno universal. Jogou-se e joga-se por razões de diversas ordens: por celebração de aspectos sagrados, por diversão, por passatempo, por estreitamento de laços comunitários, por razões pedagógicas, por necessidade de descoberta e conhecimento de si, pela simbolização e projeção de sentimentos, pelo ímpeto de competir, enfim, por diferentes significados, mas, sobretudo, pela imperativa necessidade de humanizar-se, como bem apontava o pensador alemão Friedrich Schiller[a], quando afirmou que, quando brinca, o homem é plenamente humano.

É importante destacar que, no cenário brasileiro, o termo *jogar* se notabilizou por diferentes acepções: como ato de brincar, como prática estruturada e regrada e ainda como relação estabelecida entre sujeitos que se lançam a um desafio descompromissado com o resultado desse processo. Assim, é importante que tenhamos claro que, ao nos remetermos à noção de jogo, devemos delimitar sob que aspectos estamos abordando essa prática. Em boa parte deste livro, tratamos do jogo como *ato de brincar*.

A bibliografia é consensual acerca do valor e da relevância do jogo e do brincar para o ser humano e, em especial, para a criança, seja o jogo em sua manifestação espontânea, mais primária de exploração e conhecimento corporal, seja nas suas formas mais elaboradas e aprofundadas por meio de estratégias, materiais e espaços específicos. No entanto, o brincar e o jogar foram ganhando distintas significações e interpretações ao longo dos tempos. Vivemos tempos de profundas mudanças sociais e essas transformações vêm alterando as possibilidades de as crianças vivenciarem amplamente a diversidade que o jogo encerra. Em virtude da informatização das estratégias de comunicação e divulgação do conhecimento, da intensificação da rotina diária, das possibilidades de ocupação e circulação pelos espaços públicos ou da falta de estímulo dos adultos a essas práticas, o jogar e o brincar parecem relegados a um plano de menor importância ou a um ato de fim de semana, quando comparados a outras tarefas e demandas da vida moderna.

---

a. SCHILLER (1995).

Nosso intento nesta produção é levantar as principais argumentações que justificam a necessidade de contemplar o jogo e o brincar no processo formativo da criança e, portanto, necessário também na formação do professorado que atuará com esse segmento escolar. Para tanto, apresentaremos, no primeiro capítulo, algumas concepções de recreação e lazer, procurando discutir como essas noções se associaram em nosso país, além de suas contribuições ao campo da educação.

No segundo capítulo, trataremos dos aspectos históricos e etimológicos do jogo, demonstrando seu caráter universal e a polissemia que lhe é peculiar, tanto do ponto de vista cultural como do histórico.

No terceiro capítulo, apresentaremos uma revisão acerca das teorias do jogo, ou seja, retomaremos as argumentações de como o jogo é encarado e explicado por diferentes linhas teóricas, numa tentativa de compreender a multiplicidade de aspectos que estão em voga quando partilhamos do brincar com a criança.

No quarto capítulo, buscaremos justificar a importância do jogo no desenvolvimento da criança, levantando aspectos e valores que o jogo pode influenciar, principalmente nas dimensões motora, social, cognitiva e afetiva da criança.

No quinto capítulo, apresentaremos algumas estratégias e argumentações que podem levar o futuro professor a experimentar-se corporalmente, para que possa melhor interagir com seus alunos no momento do jogo e do brincar. Em outras palavras, pretendemos mostrar, neste capítulo, que é fundamental que a formação se dê também no âmbito pessoal do educador, o qual deve vivenciar e refletir sobre práticas, que, mais tarde, proporá em suas aulas.

No sexto capítulo, traremos uma fundamentação e algumas situações de uma classe especial de jogos: os jogos cooperativos. Essas atividades buscam oferecer um outro contexto e desafio de jogar, sobretudo sensibilizando seus participantes para valores como a solidariedade, a comunicação, a confiança e o senso coletivo.

No sétimo capítulo, iremos expor uma modalidade específica de enfocar as atividades lúdicas: a recreação terapêutica. Analisaremos seus fundamentos teóricos e procuraremos chamar a atenção para os lugares nos quais o profissional que desenvolve tal prática pode se colocar.

No oitavo capítulo, refletiremos sobre os conceitos de política pública, o papel do Estado e seus desdobramentos nas ações políticas no que se refere ao lazer e à recreação.

No nono capítulo, abordaremos os jogos indígenas no Brasil, evidenciando alguns elementos do universo lúdico dos índios brasileiros, tais como seus jogos, seus brinquedos e suas brincadeiras.

No décimo capítulo, estudaremos as possibilidades do jogo como recurso pedagógico para trabalhar distintas áreas do conhecimento na escola, já que, quando se fala em jogo, ludicidade ou brincadeira na escola, associa-se à ideia da aula de Educação Física, ao passo que nas aulas de Matemática, Linguagens, Ciências e Estudos Sociais não haveria espaço para brincadeiras. Nossa argumentação se orienta no sentido de desmistificar tal crença e destacar possibilidades da presença e colaboração do jogo nas várias esferas da aprendizagem escolar.

Há uma vasta produção literária no país sobre atividades recreativas, sobre o brincar e sobre o jogo. O objetivo desta obra não é construir um manual de jogos e brincadeiras que possibilite aos professores uma transferência automática e mecânica dessas atividades ao contexto escolar, mas oferecer alguns exemplos de jogos, bem como demonstrar argumentações sobre a fundamentação destes e ampliar o panorama sobre a multiplicidade de sentidos e possibilidades que o jogo oferece aos sujeitos que dele partilham. Evidentemente, os interesses e características das situações de jogo e do brincar devem estar coadunadas com outras demandas e compromissos da vida escolar. No entanto, nossa pretensão é que o professor possa compreender a relevância de contemplar o jogo na agenda do projeto político-pedagógico de sua instituição não só como ferramenta, mas também como algo que possui uma dimensão central na vida e no desenvolvimento da criança.

(1)

Concepções de
recreação e lazer

Elisandro Schultz Wittizorecki é licenciado em Educação Física (1998) pela Universidade Federal do Rio Grande do Sul (UFRGS) e mestre em Ciências do Movimento Humano (2001) pela mesma instituição. Atua com ênfase na formação de professores e na prática pedagógica relacionadas à área de educando.

Neste capítulo, estudaremos as principais concepções de recreação e lazer. Veremos que, ainda que esses termos sejam utilizados associadamente no Brasil e, muitas vezes, entendidos como sinônimos ou atrelados à ideia de brincar, de jogar, de se divertir, eles dizem respeito a diferentes dimensões da ação humana.

A palavra *lazer* vem do latim *licere* (o que é lícito, ser permitido). (Dias Neto, 1999) Ou seja, em um outro contexto histórico e cultural (Roma Antiga, aproximadamente entre os séculos VIII a.C. e VI d.C.), o lazer dizia respeito ao momento em que cessavam os deveres, as obrigações e outros compromissos ligados à subsistência e eram permitidas determinadas práticas descompromissadas de obrigatoriedade. Aprofundaremos essa noção mais adiante.

Se consultarmos o *Dicionário Aurélio da língua portuguesa* (Lazer, 2004), encontraremos, para a palavra *lazer*, alguns sentidos como "ócio", "folga", "descanso", "divertimento", "passatempo". Já analisando o senso comum, alguns outros sentidos podem ser comumente atribuídos: "momento de prazer", "de satisfação", "de tempo livre", "de não trabalho" ou "de tempo desocupado".

É importante destacar que os estudos e reflexões em torno do tema vêm ganhando bastante visibilidade na atualidade, de tal forma que o lazer tem sido objeto de estudo e preocupação de diversas áreas do conhecimento: da educação, da disciplina de Educação Física, da sociologia, da antropologia, do turismo e da economia. Atualmente, encontramos no país, por exemplo, faculdades, secretarias, autarquias, órgãos públicos, enfim, inúmeras instituições focadas no estudo e na utilização do lazer; além de periódicos[a], laboratórios/grupos de estudo e cursos de pós-graduação especializados no tema, enfim, indícios que evidenciam a relevância de se pensar, estudar e planejar as ações e práticas no campo do lazer na atualidade, incluindo-o, portanto, como um elemento da educação.

O lazer, aliás, é afirmado como direito social pela Constituição Federal (Brasil, 1988) vigente, no seu art. 6º:

---

a. Como exemplo, citamos o periódico *Licere*, revista especializada em estudos do lazer da Universidade Federal de Minas Gerais – UFMG. Para ler os artigos na íntegra, acesse: <http://www.eeffto.ufmg.br/licere/home.html>.

Art. 6º São direitos sociais a educação, a saúde, o trabalho, a moradia, o LAZER, *a segurança, a previdência social, a proteção à maternidade e à infância, a assistência aos desamparados, na forma desta Constituição.* [grifo nosso]

O lazer não é algo a ser tomado como supérfluo ou pouco importante, é um elemento vital da condição humana e deve ser incentivado como forma de promoção social.

A palavra *recreação*, por sua vez, é proveniente do latim *recreatio, recreare*. Representa, etimologicamente, a ideia de "divertimento", "prazer" (Carvalho, 2006). É comum, no ambiente escolar, por exemplo, o uso da palavra *recreio* para definir o espaço de tempo livre, de entretenimento entre as aulas. A ideia de recreação vem sendo majoritariamente utilizada no país conjuntamente com o termo *lazer*, no sentido de descrever um conjunto de atividades desenvolvidas nos momentos de ócio.

É possível pensar, então, que os termos *recreação* e *lazer* vêm sendo tratados na perspectiva de uma área de conhecimento que possibilita aos sujeitos, grupos e/ou instituições a experimentação de conteúdos culturais que os levem a vivenciar situações lúdicas em sua vida e, a partir daí, construir aprendizagens, motoras, emocionais, cognitivas ou relacionais.

A recreação surgiu primeiramente associada à criança, ou seja, entendida como atividade exclusivamente infantil. Posteriormente, suas práticas se estenderam ao mundo adulto.

Nos últimos anos, encontramos uma série de produções teóricas que se dedicaram a sistematizar, classificar e propor uma série de atividades, jogos, brincadeiras e dinâmicas, fato que constituiu a produção bibliográfica de muitos manuais de recreação no país e que podem ser facilmente identificados em bibliotecas e livrarias. A seguir, estudaremos alguns conceitos de lazer, buscando entender suas relações com a recreação e a educação.

(1.1)
Concepções de lazer

Numa perspectiva histórica e social, a ideia de lazer, na Modernidade, constitui-se a partir das reivindicações dos trabalhadores assalariados no contexto europeu, no período pós-Revolução Industrial. Ou seja, o lazer representava a conquista de um tempo de folga do trabalho, em um regime social e econômico recém-implantado – o capitalismo.

No Brasil, o significado desse tempo liberado do trabalho (lazer) mesclava-se com o conceito de recreação: para ser socialmente permitido, lícito, ele deveria ser regulado, orientado, monitorado, fundamentalmente, por meio da prática de atividades oferecidas por instituições ou pelo Poder Público, ou seja, práticas recreativas. Nesse entendimento simplista, recrear significava ocupar e regular determinado tempo vago dos sujeitos.

Em 1980, o sociólogo brasileiro Renato Requixa[4] definiu *lazer* como: "Ocupação não obrigatória, de livre escolha do indivíduo que a vive, e cujos valores propiciam condições de recuperação psicossomática e de desenvolvimento pessoal e social".

Nesse conceito, vemos a referência ao lazer como instrumento de recuperação dos sujeitos, o que o caracterizaria numa visão utilitária e funcionalista, ou seja, cumprindo uma função que justificasse sua utilidade social.

Em sua obra *Lazer e cultura popular*, de 1976, o sociólogo francês Joffre Dumazedier (1976, p. 32) procurou conceituar o termo *lazer*, sendo um dos pioneiros no estudo do referido assunto. Segundo esse autor:

> *O lazer é um conjunto de ocupações às quais o indivíduo pode entregar-se de livre vontade, seja para repousar, seja para divertir-se, recrear-se e entreter-se ou, ainda, para desenvolver sua informação ou formação desinteressada, sua participação social voluntária ou sua livre capacidade criadora após livrar-se ou desembaraçar-se das obrigações profissionais, familiares e sociais.*

Nesse entendimento, o autor apontava o lazer como uma dimensão que está desligada de outras obrigações e que pode, ainda assim, cumprir diversas funções para o sujeito. Vemos que se trata de uma concepção que coloca o lazer em oposição à dimensão do trabalho, chamando a atenção para aspectos como a livre escolha e os distintos significados que podemos atribuir à sua vivência. Uma crítica que se pode fazer a essa concepção diz respeito à ausência da consideração do papel do Estado nas possibilidades de lazer, seja na formulação de políticas públicas, seja na constituição de espaços públicos para a vivência do lazer.

Nessa linha de reflexão, Heloisa Bruhns (2000) nos alerta para o fato de que lazer e trabalho não podem ser vistos como elementos alocados em compartimentos completamente separados, pois estes se entrecruzam em vários espaços e tempos da vida social. Segundo a autora, considerá-los em oposição radical inviabiliza a possibilidade de considerar um trabalho mais lúdico ou uma forma de lazer mais comprometida com o desenvolvimento pessoal e social. O desafio consiste, portanto, em compreender a interação entre ambas as dimensões – lazer e trabalho –, evitando uma concepção de lazer como uma simples compensação do trabalho ou como algo necessariamente detestável e sofrível, porque carente de possibilidades criativas.

Em *Lazer e educação*, Nelson Carvalho Marcellino (1987) ressalta que o lazer deve combinar as questões de atitude e tempo. A atitude consistiria na relação estabelecida entre o sujeito e a atividade vivenciada, que deveria ser marcada pela satisfação que esta provoca. Por outro lado, o autor ainda argumenta que o lazer está ligado a um tempo determinado – ao tempo disponível – uma vez que não há tempo completamente livre. Para Marcellino (1987, p. 31), lazer seria a "cultura – compreendida no seu sentido mais amplo – vivenciada (praticada ou fruída) no tempo disponível". Ainda segundo o mesmo autor, não se busca no lazer satisfação ou recompensa além daquela provocada pela satisfação da situação.

Nesse sentido, Marcellino avança sobre as outras concepções, caracterizando o lazer como uma dimensão de produção de cultura. No entanto, Christiane Luce Gomes (2003, p. 7) argumenta que o lazer é construído "a partir de quatro elementos inter-relacionados: a partir das ações, do tempo, do espaço/lugar e dos conteúdos culturais vivenciados".

É nesse aspecto que queremos insistir: o lazer constitui um fenômeno cultural, social e historicamente construído. Assim entendido, como uma dimensão da produção cultural humana, é possível compreender que, por meio de suas manifestações lúdicas, estão presentes distintas práticas, representações, bem como costumes e linguagens específicos de dado grupo social, comunidade ou povo.

Vemos, então, que o lazer diz respeito a um amplo campo de estudos e de possibilidades de ação. Independentemente de estar estimulando o descanso, o convívio, o relaxamento de tensões, o divertimento ou a busca de desafios e aprendizagens, o lazer está intrinsecamente relacionado às possibilidades sociais, econômicas e culturais dos sujeitos.

(1.2)
Concepções de recreação

Em nosso país, os termos *recreação* e *lazer* foram largamente utilizados de forma casada. Tal associação poderia transparecer a ideia equivocada de que a única possibilidade do lazer são as práticas recreativas e de que a recreação visa unicamente "preencher" o tempo de lazer dos sujeitos, desempenhando, portanto, uma função do lazer. As principais correntes teóricas atuais da área, como apresentado anteriormente, buscam discutir os diferentes significados e possibilidades do lazer, tentando justamente argumentar que associá-lo à recreação diz respeito mais a uma relação histórica enviesada que, necessariamente, a uma demanda pedagógica. Como vimos na seção anterior, a ideia de lazer remete a um fenômeno mais amplo e vital para o ser humano e que permite variadas formas de usufruto. Já a noção de recrear vem sendo historicamente atrelada à ideia de atividade.

Miranda, citado por Christianne Werneck (2000), comenta que o termo *recreação* surgiu no final do século XIX, nos Estados Unidos, para englobar uma série de atividades da cultura popular destinadas às massas de distintas faixas etárias, promovidas por instituições privadas ou públicas, cujo pano de fundo representava a promoção de elementos de interesse social e moral. Em outras palavras, promover a recreação, nesse contexto histórico e social, significava disseminar valores coerentes e necessários aos propósitos econômicos, sociais e políticos em voga na época. Como bem aponta Werneck (2000, p. 88-89):

> Condizente com o projeto político-educacional da época, a recreação preocupava-se em proporcionar atividades alegres, espontâneas e organizadas por instrutores profissionais ou voluntários. Essa preocupação tinha como finalidade a manutenção da ordem, o controle moral, a disciplina e a manipulação social – valores vigentes na época.

Como exemplos dessa preocupação histórica com a promoção e desenvolvimento da recreação no Brasil, podemos citar a construção dos Jardins de Recreio nas praças da cidade de Porto Alegre – RS (o primeiro foi instalado em 1926) e a criação do Serviço de Recreação Pública de Porto Alegre, em 1950. (Feix, 2003; Amaral, 2001)

Atualmente, na perspectiva do senso comum, uma situação recreativa pode parecer comunicar algo sem importância ou com pouco crédito e pouca necessidade, já que a maior parte das dimensões produtivas da vida adulta se constrói em contextos sérios e duros. Bruhns (2000) pondera que a recreação se refere ao conjunto das atividades desenvolvidas no lazer. Por sua vez, Leila Pinto (1992) argumenta que a recreação representa um espaço privilegiado para a vivência do lúdico.

De uma forma ou de outra, queremos argumentar sobre a necessidade de visualizar a recreação como uma relevante prática educativa, que não deve ser entendida como passatempo ou como sinônimo equivalente de lazer, tampouco como a possibilidade única deste. Trata-se de uma forma de organizar jogos e brincadeiras de forma prazerosa, criativa, que incite os sujeitos à participação espontânea que e os levem a vivenciar essas atividades lúdicas como um fim em si mesmas.

(1.3)
Recreação e lazer no Brasil

Como já vimos no início deste capítulo, *lazer* e *recreação* são termos tratados sem muita relevância, principalmente a recreação, associada à diversão infantil e, quando aplicada à esfera adulta, muitas vezes compreendida como perda de tempo.

Foi nessa perspectiva que a recreação se difundiu no Brasil, entendida como um repertório de jogos e atividades prazerosas organizadas para crianças, geralmente dinamizadas e/ou monitoradas por um adulto. Entretanto, conhecer e dominar uma série de atividades recreativas ou brincadeiras facilmente encontradas nesses manuais não é suficiente. É preciso compreender em que perspectiva teórica e com que intencionalidade ministramos tais atividades.

> *Com que grupo irei trabalhar? O que me proponho desenvolver por meio dessas atividades recreativas? Que concepções de educação, de relações, de sujeito sustentam minha ação? Que valores, representações e conceitos estão em jogo nas atividades propostas?*

Enfim, são questões com as quais o educador precisa se defrontar e refletir ao selecionar e ministrar tais atividades, avançando do estereótipo da "prática pela simples prática" para um modelo educativo pautado em referências críticas, dialógicas e emancipadoras.

Nossa proposição nesta obra é que a recreação não seja entendida meramente como uma atividade de passatempo ou diversão. Nossa proposição é vislumbrá-la como uma rica ferramenta pedagógica que, ao atuar por meio da ludicidade, permite ler, compreender e intervir na cultura dos grupos e sujeitos.

Uma primeira ideia importante que queremos destacar em relação ao sentido da recreação é que ele não se encontra exclusivamente na atividade propriamente dita, mas na disposição que os sujeitos apresentam para realizá-la, provendo-lhes sensações de satisfação/prazer ao estarem descompromissados de uma finalidade "séria". Propor, por exemplo, uma brincadeira ou dinâmica de grupo não a caracteriza necessariamente como uma atividade recreativa, já que os sentidos atribuídos pelos sujeitos que dela participam e a forma como o fazem podem contextualizá-la como algo desinteressante ou pouco atrativo.

Algumas das críticas que se faz ao campo do lazer e da recreação diz respeito ao seu entendimento com base em uma visão funcionalista, desempenhando funções moralistas, compensatórias e utilitaristas.

Numa perspectiva MORALISTA, tais atividades proporiam necessariamente situações tranquilas, ordeiras e boas. Em um sentido COMPENSATÓRIO, as atividades de recreação e lazer compensariam o peso e a insatisfação de determinado ambiente de produção, exigência ou trabalho. No aspecto UTILITARISTA, elas serviriam para recuperar a força de trabalho e amenizar o estresse. (Marcellino, 1987)

(1.4)
Relações entre lazer e educação

Retomando nossa proposição anterior, é importante questionar: O que significa atuar com a recreação e com o lazer na escola? A recreação seria, então, uma função do lazer no ambiente escolar e, reproduzindo a lógica social, representaria um momento de repouso, de recuperação e diversão para que o trabalho escolar tivesse prosseguimento?

Não. A recreação está comprometida com uma visão de educação que, ao lançar mão de jogos, dinâmicas, desafios, gincanas, brinquedos e outras estratégias lúdicas, possibilita aos sujeitos viver, produzir e reinventar CULTURA e, com isso, construir aprendizagens de todas as ordens: cognitivas, motoras, afetivas, relacionais e sociais.

Nesse sentido, Werneck (2000, p. 70) faz um alerta com relação ao lazer como produto de consumo, argumentando que

> A ideologia veiculada pela mídia reforça a ideia de que, após várias décadas voltadas exclusivamente para o trabalho e para a escalada profissional, as pessoas estão concluindo que "viver bem" – ou seja, usufruir do lazer enquanto um produto que é comercializado na forma de shopping centers, bares, boates, festas, shows, clubes, esportes radicais, cinemas, CD's, jogos eletrônicos, Internet, parques temáticos, cassinos, hotéis-fazenda, resorts, spas, pacotes turísticos e outras tantas atrações – alcança mais do que uma busca obsessiva pelo sucesso profissional. Isso é concretizado por meio da redescoberta do "valor" dos conteúdos que compõem o universo cultural do lazer para as pessoas de diferentes faixas etárias e grupos sociais. Essas pessoas buscam, cada vez mais, novas opções

de prazer e de diversão para todos os membros de sua família, os quais consomem volumes crescentes de bens e serviços de lazer, exigindo uma variedade de opções cada vez maior.

Isso significa dizer que a educação tem um papel decisivo também na compreensão e na vivência do lazer, sobretudo fazendo frente a uma perspectiva de lazer como um produto de consumo e exclusividade de quem pode adquiri-lo. Como bem descreve Marcellino (1996, p. 36), "a produção de uma cultura da criança é substituída, cada vez mais, por uma produção cultural para a criança, que a considera apenas como consumidor potencial".

Nos espaços e atividades de lazer, os sujeitos podem viver e reelaborar representações de gênero, de raça, de corpo, de cooperação, de competição, de autonomia, de criatividade, de estima, de confiança, enfim, situações que possibilitam que os indivíduos se reconstruam e aprendam a partir das vivências lúdicas.

Defendemos a ideia de que as atividades de recreação e aquelas propostas na dimensão do lazer, especialmente o jogo, constituem ferramentas pedagógicas importantes das quais o professor pode lançar mão, ao oferecer vivências lúdicas aos sujeitos que dela participam, permitindo que diversos saberes e habilidades sejam experimentados e trabalhados.

(.)
Ponto final

Neste capítulo, exploramos algumas considerações sobre o tema *lazer* e estudamos de que forma este se associou à noção de *recreação* no nosso país. Vimos também que o lazer e a recreação, ultrapassando seus significados funcionais, podem e devem estar a serviço de uma proposta pedagógica que tematize o lúdico no universo escolar, de modo a compreender e trabalhar a cultura dos grupos e sujeitos presentes na escola.

Indicações culturais
Livros

MARCELLINO, N. C. *Lazer e educação*. Campinas: Papirus, 1987.

____. *Pedagogia da animação*. 5. ed. Campinas: Papirus, 2003.

O autor explora, nas obras indicadas, os fundamentos que orientam a tematização do lazer na escola e apresenta sua proposição do lazer como elemento pedagógico no ambiente escolar, com base em uma perspectiva pedagógica que o estudioso denomina *pedagogia da animação*.

Atividades

1. Com base nas concepções de *lazer* apresentadas, faça uma síntese dos aspectos comentados e elabore um conceito desse termo.
2. Numa visão funcionalista, o lazer poderia desempenhar papéis de ordem moralista, compensatória e utilitarista.

Exemplifique, com situações do cotidiano, quais atividade ou opções representariam tais papéis.

3. Baseando-se no conteúdo apresentado neste capítulo, preencha as lacunas:
Marcellino (1987) conceitua o lazer como a "............................. praticada/fruída no tempo disponível". Para esse autor, é necessário combinar .... e .... na vivência do lazer.

4. Proponha uma atividade de recreação para um grupo em que você trabalhe ou participe. Partindo do desafio de superar o modelo da "prática pela simples prática" dessa atividade, relate os aspectos mais significativos que você observou e que mereceriam ser debatidos e problematizados com o grupo.

5. Comente como a recreação pode se tornar uma ferramenta pedagógica para os professores.

(2)

Aspectos históricos
e etimológicos do jogo

Estudaremos, neste capítulo, os aspectos históricos e etimológicos do jogo. Essa prática acompanha o ser humano desde os primórdios do mundo, constituindo uma dimensão fundamental em sua vida. Devemos entender o jogo como um fenômeno antropológico, ou seja, presente na cultura humana, atuando decisivamente na geração desta e sendo por ela transformado. Pode-se dizer que o jogo foi e é uma constante em todas as civilizações, nas quais esteve ligado a diferentes manifestações: sagradas, festivas, de guerra, de espetáculo, de lazer, educativas, terapêuticas etc.

Nesse sentido, o jogo pode ser entendido como um potente elemento transmissor e dinamizador de costumes e condutas sociais.

(2.1)
Os diferentes significados atribuídos à palavra *jogo*

Há uma certa confusão ou ambivalência no âmbito da língua portuguesa em relação aos termos *jogo*, *brincadeira*, *brinquedo* e *brincar*. Podemos nos referir a *jogo*, por exemplo, quando nos remetemos a dois adultos jogando cartas, ou, ainda, a uma criança entretendo-se com um quebra-cabeça. A questão que se coloca é: Que similaridades e distinções existem entre ambas as situações? Podemos citar três concepções do termo *jogo*:

1. o *jogo* constituiria uma situação caracterizada pelo fato de que sujeitos jogam, ou seja, de que indivíduos que estão vivenciando uma situação lúdica e, nessa relação, experimentando sensações de desafio, satisfação e descompromisso com seus resultados, focando-se no processo, na experimentação que vivem;

2. o *jogo* também representaria uma estrutura, ou seja, algo dotado de um sistema de regras, papéis e materiais próprios. Nesse caso, por exemplo, jogamos um jogo, como o "xadrez", o "jogo da velha", a "amarelinha" ou o "esconde-esconde";

3. o *jogo* poderia estar relacionado à noção de *brinquedo*, ou seja, entendido como recurso ligado à infância e que remete a um certo desdém ou descaso pelo mundo adulto, dada a sua indeterminação quanto ao uso ou regramento que o regulamente.

Fonte: Adaptado de Brougère, 1998.

No primeiro sentido, jogo se associa à noção de brincar. Nessa acepção, quando a criança brinca, podemos dizer que ela joga, com mãos livres ou com materiais, em grupo ou individualmente, orientada ou não. Em outras palavras, jogar significa "brincar".

No segundo entendimento, quando se fala em jogo, remetemos-nos a uma dinâmica predefinida e difundida em determinado contexto. Nesse caso, é preciso se apropriar de determinado jogo, aprendendo e decifrando seus códigos, suas estratégias, seus papéis desempenhados e suas variantes existentes. Por último, jogo pode ser associado a brinquedo e, portanto, como algo destinado unicamente à infância.

O interessante nesse processo é compreender a polissemia que o termo adquire, inclusive em outras culturas e idiomas. A evolução e as mudanças de tal conceito representam a própria ressignificação que a humanidade vem dando ao seu entendimento no decorrer dos tempos.

(2.2)
O jogo em outros idiomas

A ideia de jogo está aparentemente inserida em todas as culturas do mundo. Isso inclui suas variações linguísticas, os diferentes contextos em que o termo *jogo* é usado e os diferentes sentidos que podem ser empregados a ele. A seguir, uma pequena listagem que ilustra a presença do jogo nas mais variadas sociedades:

- A raiz do vocábulo *jogo* aparece em indoeuropeu como *aig*, que significa "duvidar", "oscilar" e "mover-se".
- Em sânscrito, o termo mais utilizado é *kridati*, que descreve o jogo das crianças, dos adultos e dos animais. Refere-se também ao agitar do vento e das ondas.
- Em hebraico, a tradução do termo *jogo* é *sahaq*, referindo-se ao jogo em seu significado primário como "rir", "brincar", "dançar" e "jogar".
- Em híndi (Índia), temos a forma *éjati* e também *íngati*, que significa "algo que se move".
- Em chinês, sabemos de palavras mais importantes para se referir à função lúdica: *wan*, relativo ao jogo infantil; *tscheng*, para se referir a qualquer jogo competitivo, e *sai*, competição em que se obtém prêmio ou campeonato, torneio.
- Em japonês, *asobi* refere-se a "jogo" e *asobu* a "jogar", "diversão", "distração", "excursão", "recreação", "jogar dardos".

- Em árabe, o termo *la'iba* significa "jogar em geral", "zombar".
- Em hebreu-aramaico, *la'ab* significa "zombar" e "rir".
- No gótico, *laikan* significa "jogar" e "saltar".
- No antigo alemão, *leich* referia-se a "jogo", "dança" e "exercícios corporais".
- No antigo anglo-saxão, *lâc* e *lâcan*, significavam "jogo", "saltar", "mover-se", "sacrifício", "oferenda", "presente em geral", "um favor" e até "generosidade".
- No velho nórdico, os vocábulos *leikr* e *leika* referiam-se a "jogo", "dança" e "exercícios físicos".
- No holandês antigo, havia três formas de se referir ao jogo com os seguintes significados: *huweleec*, *huweleic* (contrair matrimônio); *feestelijk* (festa); *vechtelic* (combate).
- Em antigo escandinavo, jogo figurava como *eiken* (atrevido, selvagem).
- Em italiano, jogo constava, na forma antiga, como *giuoco* e, atualmente, como *gioco*.
- Em alemão, o vocábulo *jogo* traduz-se por *spielen*, "brincar". A palavra pode também ser interpretada por uma conotação erótica, formando a palavra *spielkin*, para referir-se a filhos nascidos fora de um casamento, ou seja, "frutos da brincadeira".
- O termo em inglês para jogo é *play*, que significa "diversão", "jogada", "brincar" e até "tocar um instrumento". Nessa língua, o termo *game* também pode ser utilizado, mas no sentido de jogo, esporte, desafio ou diversão, como um conjunto de ações estruturadas e regradas.
- Em catalão, jogo é traduzido por *joc*.

- Em espanhol, utiliza-se *juego* e *jugar*, tanto para designar uma atividade de diversão, como o brincar ou o praticar uma atividade regrada como o esporte. Também se faz uso de *jugar* para designar um chiste, uma burla, um ato arriscado ou mesmo irresponsável.

FONTE: ADAPTADO DE BUYTENDIJK, CITADO POR MURCIA, 2005, P. 11-13.

É interessante que a ideia de jogo esteja presente nas diferentes culturas, adotando o caráter semântico de cada região e/ou país. No caso do Brasil, é comum ouvirmos expressões do tipo: "jogo da vida", "jogar limpo", "jogos de amor", "por algo em jogo" ou mesmo que "fulano está jogando com siclano". Em todos os casos, lança-se mão da noção de jogo como uma ação humana cujo resultado final é incerto, proporcionando, aos que o vivem, sensações de desafio, risco, aventura e satisfação pelo próprio ato de jogar (e não necessariamente pelo resultado). Podemos perceber, então, que a noção de jogo foi sendo difundida nas diversas culturas, nem sempre com conotações positivas.

Associá-lo, portanto, sempre e necessariamente a uma atividade tipicamente infantil seria desconsiderar toda a sua complexidade, variação linguística e de sentidos que comporta em distintos contextos, diferentes faixas etárias e grupos nos quais ele ocorre.

O caráter de gratuidade, diversão, fruição e improdutividade (na perspectiva capitalista) do jogo, levaram-no a ser associado, em muitas situações, a algo não sério, complementar, pouco importante ou como perda de tempo. No entanto, como pudemos acompanhar, o jogo integra parte da formação do caráter do ser humano, sendo elemento sempre presente na construção da própria vida.

Todos jogamos – crianças, adultos, idosos, adolescentes, mulheres, homens – com distintos significados, evidentemente, em diferentes contextos e com expectativas sempre singulares. A seguir, estudaremos um pouco da trajetória do jogo na história da humanidade.

(2.3)
Aspectos históricos do jogo

De acordo com Gilles Brougère (1998), o jogo possuía, na Antiga Roma, um aspecto religioso. Havia jogos em homenagem a vários deuses, ou seja, atos e ritos oferecidos às divindades como um presente. Outra característica interessante refere-se ao caráter contemplativo: tratavam-se de jogos em que a exibição era mais importante que a participação, já que eram jogos realizados por escravos, para o deleite dos expectadores. Os estabelecimentos que ofereciam tais espetáculos proporcionavam relaxamento, diversão e alegria aos assistentes e aos deuses. Daí a expressão "pão e circo", forjada nessa época – alimento e diversão à população, sendo que o último era oferecido na forma de exibição de jogos nas arenas.

Já na Grécia Antiga, os jogos eram realizados em forma de lutas, concursos, combates, atividades ginásticas, além das manifestações teatrais. Além dos conhecidos Jogos Olímpicos (inaugurados em 776 a.C.), havia outros jogos como os Píticos, os Nemeus e os Ístmicos, que eram realizados também em honra às divindades. Nesse contexto e momento históricos, temos como exemplos de jogos competidos as corridas de cavalos, o lançamento de flecha, a natação, o pugilato, além de concursos de poesias e de música.

Aliás, duas palavras são importantes para percebermos uma importante diferença dos jogos romanos em relação ao contexto grego de jogo: *espetáculo* e *concurso*. Ao passo que os romanos conferiam maior significado à dimensão do espetáculo, os gregos valorizavam a participação dos sujeitos.

De certa forma, essas dimensões se mantêm presentes hoje como duas importantes possibilidades do sujeito se colocar diante do: como um espectador (contemplativo) ou como um participante (ativo).

Outra marca histórica é o jogo praticado especialmente por astecas e maias, na região que hoje conhecemos como *América Central*. Trata-se de um jogo de bola chamado *Tlachtli*. Brougère (1998) nos descreve o jogo, que se dava em um campo com formato de T duplo, onde equipes deveriam fazer passar uma pesada bola de borracha por anéis de pedra, que funcionavam como uma espécie de goleira. Havia muitas variantes locais quanto ao número de participantes, às dimensões do espaço de jogo e aos seus objetivos. Em algumas situações, eram comuns os ritos de sacrifício, já que, para o povo asteca, o jogo assumia uma importante função social: era possível conhecer, por meio dele, a vontade dos deuses, recriar as situações de competição da vida e conectar-se com o ritmo cósmico do universo.

Jogar, portanto, representava a celebração e a reenergização da vida e do mundo, na qual cooperar, lutar, vencer, superar, perder ou morrer (atos comuns nos jogos) eram atitudes entendidas como elementos pertinentes e necessários à regeneração cósmica necessária para a sobrevivência da sociedade.

O historiador francês Philippe Ariès (1981) afirma que, no cotidiano da Idade Média europeia, sobretudo nas comunidades rurais, o trabalho não ocupava tanto tempo do dia nem gozava do valor existencial que hoje lhe atribuímos. Dessa forma, os jogos e os divertimentos constituíam um dos principais meios de que uma sociedade dispunha para estreitar seus laços coletivos. Isso se aplicava a quase todos os jogos, mas esse papel social era mais bem observado nas grandes festas sazonais e tradicionais.

É interessante notar que as crianças participavam dessas festividades e dos espaços públicos em condição de igualdade com outros membros da sociedade, assumindo papéis que lhe eram reservados pela tradição. Embora essas atividades não estivessem em oposição ao tempo de trabalho e ocupação de subsistência, não eram considerados frívolas ou fúteis, pois estavam conectadas com o viver comunitário de todos os sujeitos, dos mais novos aos mais velhos.

Essa interessante tela a seguir – *Juegos de Niños* – pintada por Pieter Bruegel, em 1560, ilustra bem o que estamos argumentando. Podemos visualizar pessoas de diversas idades partilhando do mesmo espaço público, experimentando as mesmas situações de brincadeiras e de ludicidade.

Figura 2.1 – *Jogos infantis, de Pieter Bruegel (1560)*

Com o advento da Revolução Industrial, no século XVIII, e a ascensão do capitalismo como regime de organização social, econômica e política em substituição ao feudalismo, as noções de tempo e espaço foram se transformando. Com a separação das atividades sociais do viver comunitário (tão em evidência no modo de vida camponês), o jogo e as manifestações lúdicas foram se isolando e ganhando um caráter de irrelevância e não seriedade, já que o tempo deveria ser cada vez mais investido na dimensão do trabalho e da produção.

Esse longo processo histórico de transformações das sociedades foi conferindo ao jogo um caráter distorcido da sua vivência: como algo fútil, improdutivo, dispensável e pertinente somente ao universo infantil.

Como instrumento cultural e simbólico essencial à formação humana, o jogo tem sua potencialidade justamente nesse seu caráter aberto, maleável e incerto que o distingue e permite ressignificar a vida cotidiana. Johan Huizinga (2004) qualifica o ato de jogar como uma categoria primária da vida, tão elementar quanto o ato de pensar (em alusão ao *homo sapiens*) ou o de trabalhar/produzir (em alusão ao *homo faber*). Por isso, sua obra mais conhecida intitula-se *Homo ludens*, publicada originalmente em 1938.

Para esse autor, o jogo consiste em uma

> *Atividade ou ocupação voluntária exercida dentro de certos e determinados limites de tempo e espaço, segundo regras livremente consentidas, mas absolutamente obrigatórias, dotada de um fim em si mesma, acompanhada de um sentimento de tensão e alegria e de uma consciência de ser diferente da "vida quotidiana". (Huizinga, 2004, p. 33)*

Vemos nessa clássica conceituação que o jogo está marcado por essa distinção do cotidiano da vida, proporcionando sentimentos que o ser humano buscou ao longo da história: satisfação, tensão e prazer.

(.)

Ponto final

Nesse capítulo, exploramos algumas conceituações referentes ao jogo e aos distintos significados que lhe foram conferidos ao longo da história da humanidade. Também estudamos o jogo como algo presente desde as origens do ser humano como uma dimensão importante da sua vida e que lhe permitiu significar seus atos, manifestar sua religiosidade, desfrutar do tempo, relacionar-se com a comunidade, perpetuar tradições, enfim, experimentar e transformar o mundo.

Indicações culturais
Livros

ARIÈS, P. *História social da criança e da família*. 2. ed. Rio de Janeiro: LTC, 1981.

BROUGÈRE, G. *Jogo e educação*. Porto Alegre: Artes Médicas, 1998.

Essas duas produções podem contribuir no aprofundamento dos temas que vimos. A primeira obra, mais especificamente em seu Capítulo 4, apresenta uma retomada histórica dos jogos e das brincadeiras; a segunda é uma obra de referência sobre o tema, pois apresenta uma importante reflexão sobre os sentidos e origens dos jogos.

Atividades

1. Brougère (1998) apresenta três concepções usuais para a expressão *jogo*. Quais são elas?

2. Na Grécia Antiga, muitos dos jogos eram realizados também em honra às suas divindades. Nesse contexto e momento históricos, o jogo possuía uma conotação:
   a. sagrada.
   b. esportiva.
   c. lúdica.
   d. Todas as alternativas estão corretas.

3. Na Idade Média europeia, sobretudo nas comunidades rurais, o trabalho não ocupava tanto tempo do dia nem gozava do valor existencial que hoje lhe atribuímos. Nesse sentido, os jogos e os divertimentos serviam, sobretudo, para:
   a. estimular a rivalidade entre as comunidades.
   b. criar momentos de confraternização e fortalecimento dos laços coletivos.
   c. separar os adultos das crianças, cada grupo com uma atividade diferenciada.
   d. Todas as alternativas estão corretas.

4. Na sua concepção, explique quais foram as condições históricas e sociais que levaram o jogo a ser compreendido como uma atividade não séria e pouco relevante.

5. Com base nas informações apresentadas neste capítulo, preencha as lacunas:

A clássica concepção de jogo de Huizinga (2004) diz que este consiste numa "atividade ou ocupação .... exercida dentro de certos e determinados limites de tempo e espaço, segundo regras livremente consentidas, mas absolutamente ...., dotado de um fim em si mesmo, acompanhado de um sentimento de .... e .... e de uma consciência de ser diferente da ....".

(3)

O jogo: teorias
e suas classificações

Elisandro Schultz Wittizorecki

Neste capítulo, estudaremos os elementos que caracterizam o jogo e suas classificações. O jogo[a] e a predisposição a brincar surgem como comportamentos instintuais na criança, desempenhando diferentes papéis e funções no

---
a. É interessante esclarecer que, nesse contexto, *jogo* possui o sentido de atividade lúdica, de uma brincadeira, que permite outros arranjos de regras, de participantes e de objetivos, muito em função do local, da cultura e da intencionalidade de seus participantes, diferenciando-se dos esportes, que já estão institucionalizados, regrados e universalizados.

decorrer de sua vida. Se, no adulto, o jogo ganha conotações de atividade recreativa e prática de lazer, veremos que, no transcurso da infância, o jogo tem uma implicação muito importante no desenvolvimento na e formação do sujeito.

O jogo tem sido tema de estudos e debates de diversas áreas e de vários autores. A psicologia, a pedagogia, a educação física, a psicanálise e a antropologia, apenas para exemplificar, tratam-no e o descrevem cada uma de acordo com seus diferenciados focos de análise. A seguir, listamos algumas argumentações de diferentes linhas teóricas que analisam e caracterizam o jogo e razões pelas quais a criança joga. Assim, o jogo ocorreria:

- como forma de relação com a realidade, visando à transformação desta, segundo as necessidades e características psicofísicas do sujeito (teoria de Jean Piaget);
- como um impulso catártico do indivíduo, no intuito de reduzir tensões, de se defender de frustrações, de fugir da realidade ou de reproduzir situações de prazer (teoria de Sigmund Freud);
- como forma de terapia e liberdade de criar (teoria de Donald Woods Winnicott);
- como forma de elaboração de angústias e impulsos (teoria de Melanie Klein);
- como forma de descanso para o organismo e o espírito (teoria de Friedrich Schiller);
- como forma de atividade voluntária com um fim em si mesma, acompanhada da sensação de tensão e satisfação (teoria de Johan Huizinga);
- como forma de resposta emocional e intelectual às experiências sensoriais (teoria de Daniel Goleman);
- como forma de construção de conhecimentos sociais e psicológicos da criança (teoria de John H. Flavell e Allan Otto Ross);

- como forma privilegiada de expressão infantil (teoria de Philippe Gutton).

Com base nessas caracterizações, podemos chegar à conclusão de que o jogo tem uma dimensão vital para o sujeito e representa um espaço de aprendizagem, especialmente para a criança, sobretudo porque possibilita situações de imitação, repetição e compreensão do mundo adulto. Algumas considerações importantes em torno das finalidades e funções do jogo para a criança podem ser contempladas, como na relação a seguir:

- o jogo consiste numa atividade desinteressada, espontânea e livre; joga-se pelo prazer de jogar, ninguém é obrigado a fazê-lo;
- o jogo apresenta um comportamento de caráter simbólico e de desenvolvimento social;
- Tendo um caráter fictício, o jogo constitui-se de ações e mensagens que podem remeter ao cotidiano, porém fugindo à rotina deste;
- o jogo é uma atividade que reflete, a cada momento, a forma com que a criança atua, compreende e se relaciona com o mundo;
- os jogos evoluem com a criança e contribuem para a formação da sua estrutura de personalidade, bem como para seu desenvolvimento motor, intelectual, criativo, emocional, social e cultural;
- o jogo é incerto, já que seu resultado flutua e depende da ação de quem joga.

Nesse sentido, é importante destacar que muitos autores destacam que a brincadeira e o jogo compreendem "o trabalho" da criança, ou seja, para ela, "brincar é coisa séria". Essa compreensão é fundamental no sentido de visualizarmos a relevância do jogo como componente de apropriação e relação com o mundo pela criança, assim como da seriedade e relevância que essa ação – de jogar e brincar – assume.

Assim, o adulto ou professor precisa ter sensibilidade e cuidado quando intervém nas situações de jogo, sobretudo nas interrupções, orientações, proibições e verbalizações que faz, pois seu papel fundamental não é "corrigir", mas propor reflexões, problematizações e situações no jogo para que seus participantes vejam, sintam e verbalizem suas incompreensões, suas dificuldades e seus equívocos.

(3.1) Teorias sobre o jogo

Nos séculos XIX e XX, algumas teorizações procuraram explicar as funções do jogo. Explicaremos as principais delas a seguir:

- **TEORIA DO EXCEDENTE ENERGÉTICO**: proposta por Herbert Spencer, em 1855, o jogo é considerado nessa teoria como uma consequência do excesso de energia do sujeito. Explica o autor que, como a criança não realiza um trabalho para sobreviver, ela consome o excedente de sua energia no jogo.
- **TEORIA DO PRÉ-EXERCÍCIO**: Karl Groos argumentou, em 1898, que a infância é uma etapa que prepara o indivíduo para a vida adulta. Nesse sentido, o jogo cumpriria um papel importante na prática e na experimentação das funções que a criança irá desempenhar futuramente.

- TEORIA DA RECAPITULAÇÃO: para Stanley Hall (1904), a brincadeira reproduz as formas de vida primitiva dos seres humanos. Assim, quando crianças brincam de fazer cabanas, tal ato poderia refletir a atividade que membros primitivos da espécie humana realizavam habitualmente ao ter de buscar abrigo.
- TEORIA DO RELAXAMENTO: proposta por Richard Lazarus, no final do século XIX, a atividade lúdica indicaria uma forma de compensar o esforço da criança em suas atividades mais sérias, difíceis e dolorosas. Serviria como elemento de recuperação da fadiga e do esgotamento causados por tais tarefas.

FONTE: ADAPTADO DE FUENTES, 2005.

O jogo para Jean Piaget

Em sua obra *A formação do símbolo na criança*, de 1946, Jean Piaget relacionou a brincadeira e o jogo com o desenvolvimento cognitivo da criança. Para esse estudioso, a criança adapta a realidade e os fatos às suas possibilidades e aos seus esquemas de conhecimento, manifestando essa adaptação também no brincar.

Jean Piaget (1978) classificou o jogo em quatro tipos: jogos de exercício, de construção, simbólicos e de regras. Veremos, a seguir, uma análise mais detalhada de cada uma dessas classificações.

O JOGO DE EXERCÍCIO é a ação da criança sobre seu próprio corpo e sobre objetos, visando predominantemente à satisfação de necessidades. Um exemplo dessa forma de jogo é o ato de chupar uma chupeta: ainda que isso não lhe dê alimento, trata-se de uma ação que lhe dá muito prazer e que lhe permite descobrir suas potencialidades e possibilidades corporais. Ocorre predominantemente no período sensório-motor (de 0 a 2 anos).

O JOGO DE CONSTRUÇÃO consiste na manipulação de objetos para criar algo. Não é específico de determinada fase e diferentes autores afirmam que ele se mantém ao longo do ciclo de desenvolvimento do indivíduo. Nessa fase, o indivíduo pode, no decurso de seu desenvolvimento, executar atos menos elaborados, como juntar cubos, por exemplo, como pode também dominar jogos mais complexos, como a montagem de um quebra-cabeça.

O JOGO SIMBÓLICO consiste na representação corporal do imaginário. São os jogos em que a criança lança mão do faz de conta, usufruindo da imaginação e da fantasia para assimilar e compreender a realidade. Nesses jogos, as crianças tendem a reproduzir as relações e valores que vivenciam em seu contexto, permitindo, assim, exteriorizar seus medos, seus conflitos, suas frustrações e suas descobertas.

São exemplos de jogos simbólicos: brincar de ser "professor", "papai e mamãe", "médico", "super-herói" ou, ao abrir os braços, simular ser um avião, imitar animais. Ocorre predominantemente no período pré-operatório, entre os 2 e os 6 anos.

O JOGO DE REGRAS começa a se desenvolver predominantemente a partir dos 7 anos, na etapa das operações concretas. O componente simbólico cede parte de sua centralidade nas brincadeiras para o regramento colocado pelo grupo, pressupondo a existência de ações articuladas com os companheiros, de delimitações de tempo e espaço. Enfim, intensifica-se uma forma de jogar que é eminentemente coletiva e que exige a criação de combinações.

No jogo de regras, a criança precisa superar o egocentrismo (característico do período pré-operatório) e se colocar no lugar do outro. Precisará também controlar seus desejos e motivações pessoais.

É importante notar que, mesmo em se tratando de um jogo de regras, este pode carregar um componente simbólico. O jogo "polícia-ladrão", por exemplo, pode reunir uma série de combinações e negociações, mas apresenta também um elemento simbólico que define papéis.

O jogo simbólico é de fundamental importância para a criança. João Batista Freire (2002) relata que, durante o ato de imaginar, nada se interpõe à fantasia infantil, mas durante a ação corporal que o acompanha verifica-se uma busca de ajustamento ao mundo exterior, ou seja, a ação imaginada não tem origem na mente apenas, mas na relação concreta da criança com o mundo. O que quer dizer isso? Significa que a criança transfere para o brincar o que ela vivencia no seu dia a dia. Por exemplo: aquela criança que frequentemente maltrata suas bonecas ao brincar de mamãe provavelmente não tem um convívio muito agradável com a sua mãe na realidade; outro exemplo pertinente é o da criança que abusa de sua autoridade em uma brincadeira de faz de conta – ela está tentando exercer um poder que, às vezes, está muito longe de possuir. Isso faz com que ela transfira o seu desejo reprimido de impor regras para o mundo da fantasia.

Resumidamente, exercício, símbolo e regra são os três grandes elementos que demarcam as classes de jogos para Piaget, caracterizando as estruturas mentais da criança em determinada etapa de seu desenvolvimento.

O jogo na psicanálise

Segundo a psicanálise, podemos expressar nossos desejos de forma simbólica quando sonhamos, fantasiamos ou brincamos. É comum, por exemplo, observar uma criança brincar repetidamente com algo que lhe provocou sofrimento. É no jogo, portanto, que a criança pode recriar situações de modo a elaborar e suportar episódios traumáticos, dolorosos ou mesmo prazerosos.

Arminda Aberastury (1992) nos diz que, ao brincar, a criança projeta para o exterior suas angústias, seus temores e seus conflitos, construindo possibilidades de manejá-los por meio da ação sobre objetos e brinquedos. A pesquisadora relata suas experiências analíticas com crianças. A seguinte passagem é bastante ilustrativa para ampliarmos nossa compreensão acerca do jogo na perspectiva da psicanálise (Aberastury 1992, p. 14):

Para mim, a descoberta fundamental neste aspecto foi o comprovar que todo bebê passava, entre os sete e doze meses, por um período em que a genitalidade era muito importante e apresentava suas formas de descarga adequadas. Entre elas, uma das mais significativas era o brincar, mas não de um modo geral e sim de maneira muito específica: meter e retirar coisas, introduzir objetos penetrantes em orifícios, encher recipientes com pequenos objetos, explorar buracos.

Ou seja, além de elaborar e simbolizar situações difíceis ou de sofrimento que a criança tenha vivenciado, o jogo também permite a esta o espaço para repetir situações satisfatórias e de prazer. Naturalmente, os recursos utilizados, os sujeitos envolvidos e o foco do jogo vão mudando com o tempo e a maturação da criança.

Anna Freud (1980) e Melanie Klein (1981) são duas importantes referências nesse campo, ao trabalharem práticas psicológicas mediadas pelo brincar, partindo dos princípios psicanalíticos. Enquanto Anna Freud trata do brincar de um ponto de vista educativo, Klein o aborda da perspectiva clínico-interpretativa, com vistas a auxiliar a criança a superar seus bloqueios emocionais.

O jogo na perspectiva de Winnicott

Donald Woods Winnicott (1975) também argumenta que o brincar pode interessar tanto ao psicoterapeuta quanto ao professor. Sua teorização acerca do brincar assenta-se eminentemente nas primeiras relações, ou seja, nas relações primárias do bebê com a mãe. Para esse autor, se o processo de separação entre o bebê e sua mãe for um processo bem-sucedido e capaz de inspirar confiança, cria-se entre os dois uma zona intermediária ou de transição (entre a experiência de sentir-se fundido e separado) que é denominada de *espaço potencial* ou *transicional*.

Esse espaço vai sendo preenchido de diferentes maneiras: primeiro, com os objetos transicionais (como uma fralda, um bichinho de pelúcia, uma chupeta), posteriormente com o brincar e, mais tarde, pelas experiências culturais.

Assim, se um espaço de confiança e segurança com a mãe foi construído, tanto na sua presença como na sua ausência, o bebê pode experimentar uma sensação de repouso e relaxamento que lhe permite brincar criativamente e sozinho na presença da mesma. Na sequência, a mãe entra nesse brincar, introduzindo propostas e desafios, respeitando suas aceitações e rejeições, até que esteja preparada para o brincar compartilhado.

Vale destacar que as contribuições de Winnicott (1975) são relevantes, pois permitem ao professor fazer a leitura do jogo da criança e analisar seus comportamentos e atitudes no contexto lúdico, levando-o a criar estratégias em aula que possibilitem à criança situações de experimentação e construção de autonomia e confiança que talvez não tenha experimentado em sua primeira infância. Além disso, é fundamental que o professor atente à necessidade de oferecer um ambiente afetivo e seguro, de modo que a criança se sinta acolhida e relaxada para poder jogar e aprender.

(3.2) Classificação dos jogos

A seguir, mostraremos que os jogos podem ser classificados em diferentes categorias, elaboradas por distintos autores[b] e de acordo com critérios estabelecidos. É importante ter o conhecimento dessas classificações para ajudar na organização das atividades e para variar as formações na hora de jogar, além de desenvolver uma variabilidade maior de movimentações, desafios, ocupação do espaço e uso de materiais.

Quanto ao local

- JOGOS DE CAMPO: seriam jogos que se realizam em médios e grandes espaços que permitam aos participantes grandes deslocamentos, com ou sem uso de materiais diversos, como os jogos com bola (por exemplo, "bobinho", "caçador") e jogos de correr ("pega-pega", "nunca três").
- JOGOS DE SALÃO: como o nome indica, seriam aqueles realizados em espaços mais fechados e de menor mobilidade.

---

b. Friedmann (1996); Ferreira et al. (1998); Ferreira (2002); Guerra (1996).

São divididos em JOGOS SENSORIAIS (atuando sobre os sentidos, proporcionando sensações agradáveis e desafiadoras), JOGOS MOTORES (envolvendo atividades de coordenação motora e agilidade) e JOGOS INTELECTUAIS (como xadrez, quebra-cabeça, charadas, damas, dominó).

Quanto à dificuldade de execução

- PEQUENOS JOGOS: a duração da sessão é pequena, as regras são fáceis e flexíveis, combinadas no momento do jogo. Não exigem preparação técnica e o número de participantes é variável.

- GRANDES JOGOS: a duração da sessão já é maior, levando, por exemplo, de 10 a 20 minutos, envolvendo um maior número de participantes em todo o jogo. Exigem mais tempo de preparação, combinações de regras e a construção de estratégias mais complexas por parte dos participantes.

Quanto à intensidade nas atividades propostas

- JOGOS ATIVOS: são os jogos nos quais a atividade é intensa e todos participam ao mesmo tempo do jogo proposto.

- JOGOS MODERADOS: atividade mais ou menos intensa, na qual cada aluno participa de uma vez, enquanto os outros aguardam a sua vez. São também chamados de *jogos de estafeta* ou *revezamento*.

- JOGOS CALMOS: são jogos nos quais os participantes podem estar sentados ou em pé; o deslocamento nesses jogos normalmente é reduzido e eles são geralmente acompanhados por cantos, palmas e gesticulações, como nas rodas cantadas. São mais destinados à finalização das aulas.

Quanto a funções especiais

- JOGOS DE COMPETIÇÃO: caracterizados pela disputa, podendo ser individuais ou em equipe.
- JOGOS DE CAÇA: são os jogos de perseguição em que se procura esconder ou não ser descoberto ou ainda jogos de pegar.
- JOGOS SOCIAIS: seu objetivo é a apresentação, socialização e interação dos participantes, como as dinâmicas de apresentação dos nomes dos integrantes de um grupo.
- JOGOS DE IMITAÇÃO: a imitação pode ser o objetivo do jogo (como no "jogo do espelho") ou o jogo no qual se imita pelo exclusivo prazer de imitar.
- JOGOS POPULARES: têm caráter tradicional e regional, respeitam as características locais quanto à regulamentação, aos espaços e aos materiais, como os jogos com a pipa e com o pião.
- JOGOS COOPERATIVOS: o objetivo é jogar com o outro e não contra o outro, ou seja, a cooperação é a principal meta na busca de um objetivo. Busca-se a substituição de ações competitivas e opositivas entre sujeitos e equipes por ações e metas solidárias e colaborativas. Analisaremos essa modalidade de jogo em um capítulo especialmente destinado a ela.
- JOGOS SIMBÓLICOS: são os conhecidos jogos de faz de conta. Envolvem a representação de um objeto ou personagem ausente, com sua substituição por um objeto. Inclui-se nessa classe, por exemplo, brincar de cavalgar, usando uma vassoura ou bastão, ou brincar de motorista, dirigindo com um arco.

Quanto à formação

- EM COLUNAS: formação na qual os participantes ficam dispostos um atrás do outro, em linha reta. Trata-se de uma formação interessante para jogos de revezamento ou estafeta.
- EM FILEIRAS: formação na qual os participantes colocam-se um ao lado do outro em linha reta. Todos ficam voltados para a direção que o orientador indicar.
- EM CÍRCULO: disposição em que os participantes colocam-se um ao lado do outro, de modo que a formação final de todos os participantes configure um círculo.
- FORMAÇÃO LIVRE: sem formação específica, permitindo que os participantes disponham-se à vontade pelo espaço.

Conhecendo os diferentes formatos e possibilidades dos jogos, será possível ao professor planejar corretamente sua aula, selecionando as atividades de acordo com os objetivos a serem alcançados. Também será possível diversificar os desafios e a natureza das tarefas propostas, bem como adequá-las ao perfil, nível de maturação e desenvolvimento de seu alunado. Na educação infantil, por exemplo, seria adequado explorar os jogos simbólicos, os pequenos jogos e os jogos de formação livre. Provavelmente, um grupo dessa etapa escolar apresentaria dificuldades para compreender e realizar jogos de maior complexidade, como os jogos de salão em tabuleiro ou os grandes jogos. Já com grupos de idade um pouco mais avançada, como de 3ª e 4ª séries do ensino fundamental, jogos que exijam a solução de problemas, como, por exemplo, os jogos cooperativos e os jogos competitivos, certamente desafiarão e atrairão mais seus participantes.

É importante destacar que, independentemente da faixa etária do grupo em que trabalhemos os jogos, é fundamental propormos diferentes intensidades durante a aula, ou seja, que essa seja composta tanto por jogos moderados como por ativos e calmos, de modo que os participantes possam experimentar suas potencialidades e reconhecer suas dificuldades. Essa variação também permite ao professor observar melhor seu grupo e identificar que tipo de atitude dos participantes surge em cada tipo de atividade.

(.)
Ponto final

Neste capítulo, estudamos as principais teorizações e entendimentos sobre o jogo. Vimos que este é abordado e tratado por diversos campos teóricos: pela psicologia, pela psicanálise, pela educação física e pela pedagogia. Todos eles são unânimes na argumentação de que o jogo é essencial ao desenvolvimento e à aprendizagem do ser humano.

Para Piaget (1978), exercício, símbolo e regra são as três grandes estruturas que caracterizam as classes de jogos de acordo com as faixas etárias da criança, sendo os jogos de construção uma etapa intermediária que pode ser encontrada em todas elas. Com Winnicott (1975), aprendemos que o professor precisa oferecer um ambiente afetivo e seguro e dar suporte para as ações no jogo, para que a criança se sinta acolhida e relaxada para poder brincar e aprender.

Estudamos também que os jogos podem ser classificados no que diz respeito ao local, à dificuldade de execução, à intensidade, à função especial e à formação. Essas classificações nos ajudam a planejar os jogos a serem propostos, de modo a diversificar os estímulos, espaços, desafios e materiais envolvidos.

Indicações culturais
Livros

CARVALHO, A. et al. (Org.). *Brincar(es)*. Belo Horizonte: Ed. da UFMG, 2005.

Nessa produção, há uma coletânea de textos produzidos por autores que trabalham com o brincar em diversos contextos (na escola, no hospital, na brinquedoteca, na creche), os quais teorizam sobre as possibilidades e potencialidades educativas do brincar nesses espaços.

FREIRE, J. B. *O jogo*: entre o riso e o choro. Campinas: Autores Associados, 2002. (Coleção Educação Física e Esportes).

O autor revisa os principais pensadores que teorizaram sobre o jogo, localizando-o como fruto da produção cultural humana, na qual investimos energia para reviver disposições subjetivas, apaixonadas e desinteressadas do regramento cotidiano do mundo em sociedade.

Atividades

1. O jogo tem uma dimensão vital para o desenvolvimento da criança, representando um espaço importante de aprendizagem para ela. Nesse sentido, o adulto ou professor precisa ter sensibilidade e cuidado quando intervém nas situações de jogo, exercendo, sobretudo, ações de:
   a. corrigir os erros e coagir o mau comportamento que possa vir a ocorrer.
   b. disponibilizar farto material e cuidar para que este não seja danificado.
   c. propor reflexões e problematizações acerca do que ocorre durante o jogo.
   d. Todas as alternativas estão incorretas.

2. Piaget (1978) classifica os jogos em quatro grandes grupos. São eles:
   a. Jogos de pré-exercício, de relaxamento, do excedente energético e de recapitulação.
   b. Jogos de exercício, de construção, simbólicos e de regras;
   c. Jogos calmos, moderados, ativos e de cooperação.
   d. Todas as alternativas estão incorretas.

3. Na perspectiva psicanalítica, o jogo constitui um espaço de expressão e elaboração, pela criança, de situações ...., ... ou mesmo .... É no jogo que a criança pode exteriorizar angústias, ... e ...., pelas possibilidades que o ato de brincar oferece.

4. Exemplifique um jogo de tipo ativo, um de tipo moderado e um do tipo calmo.

5. Quais as distinções entre o jogo simbólico e o jogo de regras?

(4)

A importância do jogo no desenvolvimento da criança

Elisandro Schultz Wittizorecki

Neste capítulo, estudaremos a importância do jogo no desenvolvimento da criança. O jogo tem um papel fundamental no processo de desenvolvimento da criança, que pode, por meio dele, vivenciar inúmeras formas de aprendizagem. Segundo Rosario Ortega, citado por Juan Murcia (2005), a criança conhece e compreende o mundo que a cerca por meio do jogo. Jogando, a criança constrói valores e princípios que nortearão sua formação como indivíduo, bem como explora suas possibilidades corporais, interage com outros sujeitos e incrementa seu desenvolvimento cognitivo, motor e afetivo-social.

É importante disponibilizar à criança variados desafios e formas de aprendizagem no jogo, para que, a partir delas, ela possa experimentar os mais diversos estímulos em sua caminhada e maturação.

Vemos, nas escolas, os "corpos" dos alunos serem motivo de incômodo para alguns professores, pois esses mesmos corpos necessitam estar em silêncio para aprender. No entanto, é também por meio da vivência corporal que a criança desenvolve suas capacidades cognitivas. Ou seja, levando em conta as contribuições de Jean Piaget (1978), podemos compreender que o jogo viabiliza situações de manipulação, experimentação e de conflito do indivíduo consigo próprio, com outros e com os objetos, dando base para o desenvolvimento cognitivo da criança.

O brincar é capaz de apresentar, de maneira resumida, como ferramenta competente, vias para o desenvolvimento dos aspectos da formação do ser humano, como a cognição, a afetividade, o amadurecimento psicológico e a motricidade.

Nesse sentido, é preciso superar o modelo escolar repressor e que tolhe a corporeidade infantil, pois as crianças são restringidas constantemente em seus movimentos e adestradas a adotarem modelos estabelecidos pelas instituições. A escola não atende somente às "mentes" ou somente aos "corpos" de seus estudantes. Faz-se necessário visualizá-los em sua integralidade e, assim, promover na escola inúmeras vivências corpóreo-intelectuais, para que o indivíduo possa desenvolver-se na sua completude. Segundo Ricardo Catunda (2005):

> *A sala de aula poderia ser menos "séria" e mais alegre, logo, ser mais viva. Se assim ocorresse, se estaria partindo para uma aprendizagem significativa que privilegiasse o homem*

como um ser em sua integralidade, que é um corpo, que sente o corpo, que vive esse corpo e que expressa suas emoções por intermédio desse corpo.

Ou seja, a escola e as aulas podem envolver atividades lúdicas, jogadas, brincadas, de forma a conectar-se com a essência da criança: o prazer do movimento e da vivência corporal. Constance Kamii e Rheta Devries (1991) também nos fazem um importante alerta em relação à obrigatoriedade do jogar pela criança. Segundo a autora, o valor do jogo se perde quando este é imposto à criança. Quando obrigamos uma criança a brincar, estamos ferindo sua liberdade de expressão. Muitas vezes, as crianças não querem brincar, pois se sentem inseguras ou com medo; por isso, o professor deve estar atento às respostas dos alunos nesse tipo de situação e tentar ajudá-los, favorecendo, primeiramente, um clima de confiança e diálogo, para depois criar situações que lhe inspirem desafios adequados as suas possibilidades.

O indivíduo é um ser de carências e está em constante aprendizado. E, tratando-se do aprendizado pela via da corporeidade, este só ocorre em condições ambientais favoráveis ao seu desenvolvimento.

Nessa perspectiva, o papel da escola e do professor é criar um ambiente acolhedor e propor situações diferenciadas aos seus alunos, para que estes possam também explorar e desenvolver suas potencialidades corporais, o que lhes favorecerá decisivamente nas dimensões afetiva, social e cognitiva. É importante destacar que essas ideias possuem algumas semelhanças com os ensinamentos de Paulo Freire (1998, p. 52), quando o educador diz que "saber ensinar não é transferir conhecimento, mas criar as possibilidades para a sua própria produção ou a sua construção".

Trata-se menos, então, de "ensinar a criança a brincar", mas de propor novos jogos, novos desafios, novas situações, tentando relacionar a experiência e as aprendizagens vividas nestas com outras anteriormente construídas.

Outro aspecto importante a ser tratado é a promoção do jogo para pessoas com deficiência. Partindo do entendimento de sujeito com base na teoria da complexidade, ou seja, concebendo-o como unidade de multiplicidades (social, biológica, psicológica, espiritual), argumentam Fábio Zoboli e Sidirley Barreto (2006) que o ser humano é fruto das inúmeras interações entre essas dimensões, construindo um todo organizado, complexo e em permanente transformação. O convite à reflexão que os autores apresentam é para olharmos todos os sujeitos como seres que têm necessidades especiais e que a limitação, a deficiência (permanente ou temporária) seja vista como uma diferença, marca emblemática de todos os seres vivos. Defendem os autores que "a pessoa em condição de deficiência se auto(re)organiza, assim como tudo que tem vida, [...] o faz a partir de sua unicidade, de suas multiplicidades, de suas vivências de mundo, de seus estímulos. Ela o faz de modo diferente, assim como todos e como tudo" (2006, p. 74).

Na perspectiva do que estamos estudando nesta obra (jogos, recreação e lazer), isso significa dizer que as pessoas se readaptam aos diversos estímulos aos quais são submetidas. O papel do professor e da escola é de ambos se adaptarem para receber esse aluno, oferecendo condições para seu pleno crescimento como indivíduo, contribuindo efetivamente para a aprendizagem do educando. Assim, o docente deve incluir o jogo na agenda educativa de todos os alunos, com deficiência ou não, sempre respeitando o ritmo de aprendizagem e as possibilidades de seus estudantes com deficiência, incentivando-os a cada conquista, propondo formas de incluí-los constantemente, valendo-se de sua criatividade e de um prévio planejamento.

Contribuir para o processo de inclusão e lutar contra qualquer forma de discriminação é responsabilidade da comunidade escolar e do professor. Ensinar que somos diferentes e que, com essas diferenças, promovemos trocas significativas uns com os outros, é o papel de todos aqueles envolvidos no processo da educação.

Uma ideia-chave deste capítulo é de que a criança aprende brincando. Sem dúvida, é no momento que o lúdico se faz presente que percebemos como este é um ingrediente indispensável no relacionamento entre as pessoas. Jogando e brincando, a criança terá oportunidade de desenvolver capacidades indispensáveis à sua futura atuação, tais como a afetividade, a concentração, a cooperação, a coordenação, o equilíbrio e outras habilidades psicomotoras. Vejamos alguns exemplos dessa argumentação:

- Num jogo de encaixar peças, podemos observar que o encaixe de peças em formas específicas estimula o desenvolvimento da coordenação motora fina da criança.
- Na brincadeira de "papai e mamãe", a criança tem a representação dos papéis de pai e de mãe; quando uma criança brinca com outras crianças da mesma idade, com desenvolvimento igual ou diferente do seu, ela acaba por iniciar o processo de compreensão da importância que cada papel representa.
- Em brincadeiras de pular corda, jogar peteca, pular na cama elástica ou jogar com bola, a criança aperfeiçoa suas habilidades motoras básicas: correr, saltar, lançar, equilibrar-se, rebater.

- Brincando de pegar ou "pega-pega", a criança aprende a avaliar sua força e velocidade, criar estratégias e respeitar seus companheiros, preservando a integridade deles.

O brincar parece contribuir de inúmeras formas para o desenvolvimento cognitivo da criança. A sua influência se verifica em vários aspectos da aprendizagem e do desenvolvimento físico e psicológico do ser humano, como podemos verificar no texto a seguir:

- A brincadeira é a atividade principal e mais efetiva para a evolução da criança, nos planos motor, intelectual, social, afetivo e sexual.
- A brincadeira favorece a criatividade e a espontaneidade, desenvolvendo o hábito da pesquisa, da exploração, da comunicação, da imaginação e da criação.
- A brincadeira favorece a socialização, já que envolve outras pessoas e ajuda a descobrir o mundo exterior.
- A brincadeira tem conexões sistemáticas com o que não é brincadeira (solução de problemas, desenvolvimento da linguagem, aquisição de outros conhecimentos).
- A brincadeira manifesta o desejo de ser mais velho, de ser adulto, e, para o adulto, de ser criança. Para a criança, a brincadeira significa progressão e, para o adulto, regressão.
- A brincadeira é um elemento de grande riqueza quanto à transmissão de valores e de pautas de comportamento social.
- A brincadeira transmite atitudes e valores, já que se trata da assimilação de regras de conduta.

- Por meio da brincadeira, descobrem-se a vida social dos adultos e as regras que regem essas relações.
- Na brincadeira são expressos e satisfeitos, de forma substantiva, os impulsos sexuais e agressivos.
- A brincadeira estimula o desejo de superação pessoal, de êxito.

FONTE: ADAPTADO DE GARAIGORDOBIL; MARÍN, CITADOS POR GARÓFANO; CABEDA, 2005.

No intuito de levantar outras possíveis funções do jogo e aprofundar sua relevância e contribuição ao desenvolvimento da criança, temos os valores que Carlos Braga (1977) contempla e que podem ser alcançados na mediação de situações de jogo:

- VALOR FÍSICO: nessa perspectiva, o jogo representaria a possibilidade de trabalhar as propriedades motoras, como a força, a resistência, a velocidade, a flexibilidade, o equilíbrio e a coordenação, além das habilidades motoras básicas, como correr, saltar, lançar, balançar-se.
- VALOR PSÍQUICO: nessa perspectiva, o jogo representaria a possibilidade de externar tensões emocionais, possibilitando um efeito catártico nas vivências, além de possibilitar ao jogador a experiência de vivenciar diferentes papéis e lugares: liderar ou ser liderado, focar na individualidade ou na coletividade, o fato de vencer ou perder, de ter êxito ou fracassar, de exercer a tolerância consigo e com o outro.
- VALOR INTELECTUAL: nessa perspectiva, o jogo representaria a possibilidade de analisar e enfrentar desafios e problemas de diferentes complexidades que exijam a construção de variadas respostas e alternativas, estimulando, assim, as funções cognitivas do indivíduo.

- **VALOR SOCIAL:** nessa perspectiva, o jogo representaria a possibilidade de ampliação do espaço social da criança, em função da interação, da convivência e dos laços estabelecidos com outros sujeitos que com ela brincam, incorporando e reconstruindo pautas sociais de relacionamento.

- **VALOR EDUCACIONAL:** nessa perspectiva, o jogo, por meio do planejamento do adulto, representaria a possibilidade de organizar intencionalmente a aprendizagem de normas, valores e conteúdos. Nesse caso, não estamos nos referindo ao jogo como sinônimo de brincar. Ao vislumbrá-lo intencionalmente com seus valores educativos, o enquadramos em outra classe: como *jogo pedagógico*.

Freire (2005, p. 87) chama a atenção para uma função essencial do jogo que ultrapassa tais classificações. Segundo o autor, o jogo "é uma das mais educativas atividades humanas", além disso, o educador afirma que "ele educa não para que saibamos mais a matemática, o português ou o futebol; ele educa para sermos mais gente, o que não é pouco". Essa reflexão é importante para que não nos dediquemos excessivamente a uma visão funcionalista e pragmática de jogo, ou seja, para que não o vejamos e não o utilizemos EXCLUSIVAMENTE balizados por questões do tipo: "Que tipo de jogo posso usar para trabalhar esse conteúdo?", "Para que serve esse jogo?", "Esse outro jogo é ótimo para trabalhar determinada habilidade!". Nessa perspectiva, correríamos o risco de burocratizar o jogo e artificializar a participação da criança em sua vivência.

Em outras palavras, acima e além das classificações, funções, valores e outras justificativas pedagógicas anteriormente apresentadas e que historicamente foram construídas para explicar a importância e necessidade do ato de jogar, está a propriedade de oferecer as experiências do mundo exterior para que o ser humano possa, jogando, criar, reconstruir, reinterpretar e ampliar seu universo cultural, assegurando, dessa forma, o ambiente de nossa existência. (2005)

Outro aspecto do jogo que merece destaque é sua característica eminentemente prazerosa. Embora se possa pensar no prazer como ingrediente principal, definitivo do jogo, é importante lembrar que o desprazer também é um elemento que o caracteriza. Vygotsky, citado por Tizuko Kishimoto (1994), é um dos que afirmam que nem sempre o jogo é exclusivamente prazeroso, porque, em certos casos, prazer e desprazer se mesclam e se confundem, já que pode haver esforço e sensações desagradáveis na busca do objetivo da brincadeira. Como explica Airton Negrine (1995), o fato de se obter um resultado desfavorável no jogo não retira necessariamente o prazer de atuar neste. Ao mesmo tempo, o resultado que poderia representar um simples detalhe pode ganhar mais ou menos repercussão e impacto, em função dos participantes, dos estímulos que permeiam o jogo e da própria natureza do jogo. Negrine (1995, p. 10), citando Vygotsky, ainda nos explica:

> *o jogo da criança deve ser analisado como processo e não como resultado, uma vez que as crianças, quando começam a praticar jogos competitivos – de ganhar ou perder – mesmo sabendo por antecipação que o adversário é superior e que será quase impossível vencê-lo, ela participa do jogo sem desestímulo, porque o fundamental é compartilhar do jogo. Isto significa que a fonte de prazer está em participar e o resultado é apenas decorrência.*

O professor precisa estar atento a esses detalhes e nuances do jogo, para que possa explorar, contornar e mediar as situações de frustração e desprazer, ao mesmo tempo que ele deve compreender e mediar o jogo da criança, esclarecendo que o prazer, a satisfação e a vitória são elementos perenes e que traduzem parte da essência do ato de jogar.

Buscamos, neste capítulo, argumentar sobre a relevância do jogo como elemento vital para o ser humano e, em especial, ao desenvolvimento da criança. Ao fazer uso do jogo, o professor certamente se confrontará com o seguinte dilema: "Devo ensinar meus alunos a jogar e a brincar ou essas são habilidades inatas a eles?". Para ampliar a complexidade da questão, poderíamos acrescentar: "Ao ensinar/propor um jogo, não estaria eu artificializando o ato de brincar?"; ou ainda, "Se não proponho determinadas formas e modalidades de jogos e deixo os alunos brincarem livremente, não estaria perdendo o rumo de meu planejamento pedagógico?". Kishimoto (1994, p. 24) nos ajuda a compreender essas dúvidas ao pontuar que o jogo, em quaisquer circunstâncias, é sempre educativo, possuindo dois sentidos:

- *Sentido amplo: como material ou situação que permite a livre exploração em recintos organizados pelo professor, visando ao desenvolvimento geral da criança e*
- *Sentido restrito: como material ou situação que exige ações orientadas com vistas a aquisição ou treino de conteúdos específicos ou de habilidades intelectuais. No segundo caso recebe, também, o nome de jogo didático.*

Assim, em determinados momentos e com determinadas pretensões, é importante que o professor ofereça espaços, materiais e até mesmo se ofereça para que o jogo se materialize em um grupo, propiciando sua livre iniciativa de começo e mudança nos seus rumos (jogo na acepção do *livre brincar*). Em outras ocasiões e com outras finalidades, deverá o professor, então, propor, conduzir, intervir, retomar e até mesmo finalizar o jogo em voga, de modo a atingir seu planejamento pedagógico (jogo na acepção didática).

(.)
Ponto final

Neste capítulo, buscamos levantar uma série de contribuições que o jogo apresenta para o desenvolvimento da criança, concluindo que brincadeira é a atividade principal e mais efetiva para o crescimento desta, nos planos motor, intelectual, social, afetivo e sexual.

Indicações culturais

Artigo

NEGRINE, A. Concepção do jogo em Vygotsky: uma perspectiva psicopedagógica. *Movimento*, Porto Alegre, v. 2, n. 2, p. 6-23, jun. 1995.

Nesse artigo, o autor revisa o entendimento de Vygotsky acerca do jogo, trazendo exemplos e descrições de situações de jogos infantis, ampliando a compreensão do leitor e aproximando-o concretamente da realidade escolar das crianças.

Livro

MURCIA, J. A. M. *Aprendizagem através do jogo*. Porto Alegre: Artmed, 2005.

Esse livro é uma produção que pode contribuir no aprofundamento do tema abordado neste capítulo, no qual o autor explora extensamente os impactos do jogo, tanto no desenvolvimento como na aprendizagem dos sujeitos.

Atividades

1. De acordo com a discussão travada neste capítulo, complete as lacunas com os termos corretos:
Com o jogo, a criança conhece e compreende o mundo que a cerca. Jogando, a criança constrói .... e .... que nortearão sua formação como indivíduo. Jogando, a criança explora suas possibilidades corporais, interage com outros sujeitos e desenvolve suas dimensões ...., ... e ....

2. Quais deveriam ser as atitudes adequadas do professor ao se deparar com uma criança que não deseja brincar ou jogar?

3. Com base em suas experiências, descreva duas situações que você tenha acompanhado nas quais a criança aprendeu brincando. Descreva as aprendizagens observadas e a forma de jogo desempenhada.

4. Associe corretamente as dimensões A, B, C e D, com as sentenças a seguir, no que se refere aos impactos do jogo nas diferentes dimensões de desenvolvimento da criança:

(a) Física
(b) Emocional
(c) Social
(d) Intelectual

(   ) O jogo promove um ambiente no qual a criança cria uma maior confiança em si mesma.

( ) No jogo, a criança constrói alternativas e estratégias para superar os desafios assumidos.

( ) No jogo, a criança explora seu corpo na relação corpo-espaço e os movimentos naturais de correr, saltar, arremessar, lançar, entre outros.

( ) o jogo possibilita o processo de integração pela aceitação do cumprimento e das regras.

5. Para Vygotsky, citado por Negrine (1995), o jogo está sempre permeado de prazer e satisfação. Por quê?

(**5**)

O jogo e a formação
pessoal do professor

Elisandro Schultz Wittizorecki

Abordaremos, neste capítulo, os principais aspectos da formação pessoal do professor para propor e dinamizar jogos para crianças e, com isso, obter um bom aproveitamento com essas situações.

A atividade de jogar deve ser prazerosa para a criança; em outras palavras, o aluno deve desejar experimentar a situação do jogo. No entanto, não se pode obrigar a criança a jogar. O mais importante é incentivá-la, despertando seu interesse pela atividade. Por outro lado, quando tolhemos uma criança em alguma brincadeira, tolhemos sua liberdade e suas possibilidades de aprendizagem. Como argumenta Freire (2002), "brincando a gente tem espaço para aprender".

O professor deve estimular a prática do jogo no ambiente escolar, e a melhor forma de fazê-lo é o próprio professor ser um jogador, brincando com as crianças, implicando-se corporalmente, participando das atividades e submetendo-se às mesmas regras. No entanto, os professores muitas vezes não vivenciam corporalmente situações de jogo em sua formação, como a experiência de brincar, de experimentar pessoalmente essa possibilidade. Por isso, os docentes têm dificuldades de propor aos seus alunos esse tipo de trabalho. Faz-se necessário adotar uma postura de disponibilidade e sensibilidade em face do contexto do "brincar disso", e a melhor forma é se dispor corporalmente, envolver-se no jogo. Brincando com os alunos, o professor ensina ao mesmo tempo em que aprende.

Para Atos Falkenbach (1999, p. 66),

a formação pessoal implica em [sic] uma formação que objetiva uma melhor disponibilidade corporal do futuro professor, justamente a partir de vivências corporais que possibilitem a conscientização das limitações, facilidades e potencialidades que cada um apresenta na relação consigo mesmo, com os objetos e com os demais [no grupo de formação].

Nesse sentido, é fundamental que possamos criar, propor e, principalmente, VIVENCIAR jogos e brincadeiras que explorem diferentes recursos, como cordas, bastões, balões, arcos (bambolês), fantasias e máscaras; colchões ou colchonetes; bolas de todos os tipos, pesos e tamanhos; brinquedos, os próprios corpos dos colegas, materiais de sucata (latas, caixas de papelão, jornal, galhos e folhas de árvores);

aparatos simples que produzam sonoridade (tais como flauta, chocalho, pandeiro, reco-reco, berimbau).

Essa experimentação e a consequente reflexão com o grupo sobre o que vivenciamos nos possibilita um rico espaço formativo. O desafio é também tentar recuperar algumas imagens de infância e, com isso, refletir sobre como lidamos com a situação de jogo, perceber como nos dispomos corporalmente, como lidamos com as regras e quais materiais nos estimulam mais a brincar. Também podemos refletir sobre quais atitudes que determinadas atividades e materiais nos despertam: competição, isolamento, solidariedade, generosidade, exclusão dos pares, agressividade, alegria, temor, desafio, rejeição, confiança. Esse processo vivencial e a reflexão acerca do jogo são importantes para lermos o jogo infantil e, assim, intervirmos com mais propriedade e conhecimento de causa no momento da sua realização.

Vemos que o processo fundamental dessa formação pessoal que propomos passa por VIVENCIAR, REFLETIR e VERBALIZAR a experimentação realizada. Nesse sentido, a fala tem um papel fundamental, pois é com ela que podemos externar nossas preferências, nossas resistências, nossos preconceitos e, com isso, incrementar nossa atenção ao que a criança manifesta no jogo, ao mesmo tempo em que participamos deste, construindo uma melhor leitura do que está acontecendo.

(5.1)
O brincar e a intervenção do professor

Segundo José Alfredo Oliveira Debortoli (2005), o professor deve proporcionar à criança o brincar. Não somente o brincar por brincar nem exclusivamente o brincar com determinado fim. Deve-se estimular a criança a brincar, a experienciar e construir seu conhecimento por meio de diferentes ambientes, materiais, propostas ou desafios.

Há professores que intervêm de forma equivocada nas atividades das crianças, e também existem aqueles que não intervêm. Alguns obrigam a criança a participar de brincadeiras, controlam seus gestos e atitudes, tornando-se autoritários, enquanto outros temem seus alunos, têm medo de estabelecer acordos, de dialogar, do suportar o conflito e de exercer sua autoridade como professores e educadores, ou seja, preferem permanecer no descaso.

A postura do professor durante os jogos é fundamental para o desenvolvimento profícuo da criança. Incentivá-la e desafiá-la faz parte do papel desse profissional. Nesse sentido, o papel do professor nesse momento deve ser o de provocar e desafiar a participação coletiva dos alunos, na busca de encaminhamentos e resolução de problemas.

De acordo com Tânia Ramos Fortuna (2003), professora que coordena o Programa de Extensão Universitária da UFRGS "Quem quer brincar?", a insegurança pode inibir o professor de brincar na sala de aula. Como os alunos podem ficar agitados, excitados com a situação de jogo, ocorre certo bloqueio dos docentes ao cogitá-lo como ferramenta pedagógica na sala de aula.

Também é importante lembrar que cada criança apresenta um ritmo para se conectar e para se desconectar do jogo: enquanto muitas crianças logo se empenham na atividade proposta, outras podem se colocar de modo mais observador e começar a brincar depois que o jogo começou. Fortuna (2003) também nos lembra que os tempos para se desconectar do jogo são diferentes para cada um. Naturalmente, o tempo necessário para se concentrar em outra atividade é singular para cada sujeito. Isso quer dizer que o professor precisa construir uma tolerância e uma aceitação ao contexto do jogo.

É importante que a criança tenha a oportunidade de falar o que sabe do jogo, construir junto com o professor as regras que serão impostas a ele, além de sugerir adaptações e novos jogos. Em outras palavras, o professor deve ter o cuidado de não fazer da atividade lúdica uma atividade mecânica, repetitiva, que visa somente atingir os objetivos da educação formal, porque, do contrário, o docente estará transformando o lúdico em uma atividade funcional, que tem como finalidade o produto e não o processo.

Negrine (1998) apresenta um importante indicativo para o professor que opta por trabalhar com o jogo. Diz o autor que é fundamental observar a trajetória da criança na atividade lúdica. Trata-se de um processo que requer a atenção do professor, pois, ao mesmo tempo que este propõe, participa e dinamiza os jogos, ele deve estar atento ao todo e a cada estudante, de modo a poder construir uma leitura do grupo e acompanhar as atitudes e evoluções de cada criança.

Carmen Trigueros Cervantes (2005) nos alerta, em sua obra *Aprendizagem através do jogo*, para alguns fatores que devem ser evitados no jogo com a criança, tanto quanto possível:

- ELIMINAÇÃO DOS PARTICIPANTES: a eliminação pode trazer uma sensação de frustração nos participantes, deixando-os na condição de observadores, quando o fator *participação* é primordial.
- DISCRIMINAÇÃO: independentemente de ser de ordem sexual, étnica ou religiosa, é importante que os estigmas não sejam reforçados nos jogos. Faz-se necessário evitar, por exemplo, as "brincadeiras de meninas" e "brincadeiras de meninos", de modo a favorecer a igualdade de oportunidades e de papéis, devendo o professor problematizar os estereótipos de gênero em voga nos diferentes jogos.
- DIREÇÃO AUTORITÁRIA: o professor não deve se colocar como eixo central da aula, possibilitando um espaço para que todos possam propor e dirigir a atividade em algum momento.

É importante frisar que o professor deve estar sempre atento às ações, verbalizações e decisões que ocorrem durante o jogo. Como docentes e mediadores de situações de jogo, é fundamental observarmos que toda decisão ou proposição (por exemplo, eliminar um participante, segurar a mão de um colega ou arbitrar austeramente um jogo) sempre apresenta consequências educativas a quem está participando. Por isso, é necessário que o professor conheça e vivencie anteriormente o jogo que vai propor, de modo a antever os possíveis dilemas e demandas que precisará enfrentar na sua dinamização.

(5.2)
Tratamento pedagógico dado ao jogo

José Alfredo Oliveira Debortoli (2005) apresenta algumas propostas que podem ser bastante úteis ao professor que se propõe a tratar pedagogicamente o jogo:

- Pesquisar e elaborar um acervo de brincadeiras, entrevistando pessoas da comunidade, de modo a reconstruir histórias de jogos vividos na região.
- Envolver as crianças nessa pesquisa, planejando eventos, festas, projetos de trabalho ou outras ações na escola que permitam contemplar tais brincadeiras.
- Ouvir as perguntas que as crianças fazem, formular novas questões, estimular a curiosidade, a criatividade e a inventividade destas.
- Buscar ampliar o universo das brincadeiras conhecidas.
- Estabelecer relações com o contexto das crianças, ajudando-as a compreender sua história e sua cultura, valorizando a identidade cultural que trazem e narram.
- Decidir, junto com as crianças, o que irão experimentar, brincar e aprender.
- Possibilitar a invenção de gestos, de novas formas de brincar e de se movimentar.
- Estabelecer relações, sempre que possível, com o trabalho de outros colegas professores e com outros saberes escolares.
- Conhecer o grupo com o qual irá se realizar os jogos. Ter esse cuidado facilita o trabalho do mediador da

atividade, já que em grupos homogêneos é mais fácil de se propor uma atividade que seja atrativa e prazerosa para todos ou para uma grande maioria.
- Brincar junto!

O fundamental para o professor é implicar-se corporalmente nas atividades propostas, adotar uma atitude acolhedora, mediadora e atenta em relação ao aluno, decidindo o melhor momento e a melhor forma para intervir.

A formação pessoal caminha junto com a formação profissional do professor. Nesse sentido, é importante que o docente recupere as memórias das práticas lúdicas que vivenciou e/ou vivencia, para poder analisar e refletir que sensações essas atividades lhe propiciam e, assim, melhor compreender e intervir nas práticas lúdicas infantis.

Tal ato objetiva possibilitar ao educador conhecer-se como pessoa, saber suas possibilidades e limitações, ter visão sobre a importância do jogo e do brinquedo para a vida da criança, do jovem e do adulto e construir uma maior disponibilidade corporal para o brincar.

(.)

Ponto final

Estudamos, neste capítulo, os principais aspectos a serem levados em conta na formação do professor para que este atue adequadamente em situações de jogo. Vimos que é fundamental para o professor implicar-se corporalmente nas atividades propostas, adotar uma atitude acolhedora, mediadora e atenta em relação ao aluno, decidindo o melhor momento para intervir.

Ao mesmo tempo, é preciso que o professor contemple sua formação pessoal, de modo a construir uma maior disponibilidade corporal para o brincar, o que certamente lhe permitirá compreender, interagir e dar um melhor suporte no jogo realizado pelos alunos.

Indicações culturais

Livros

Nossas sugestões de leitura para aprofundar o tema desse capítulo são as seguintes obras:

FALKENBACH, A. P. *A relação professor/criança em atividades lúdicas*: a formação pessoal dos professores. Porto Alegre: EST, 1999.

NEGRINE, A. *Terapias corporais*: a formação pessoal do adulto. Porto Alegre: Edita, 1998.

SANTIN, S. *Educação física*: da alegria do lúdico à opressão do rendimento. Porto Alegre: EST, 2001.

Atividades

1. O professor deve estimular a prática do jogo no ambiente escolar. E a melhor forma é o próprio professor ser um ...., que brinca com as crianças, implicando-se .... nas atividades e partilhando das mesmas .... do jogo.

2. O que pressupõe a formação pessoal do professor para que este atue com o jogo?

3. Descreva pelo menos três atitudes adequadas ao professor que pretende atuar pedagogicamente por meio do jogo com a criança, no momento em que o jogo ocorre.

4. A que se propõe, no processo formativo do professor, o exercício de recuperar as imagens da infância e refletir sobre as práticas lúdicas vivenciadas?

(6)

Jogos cooperativos

Elisandro Schultz Wittizorecki

Buscaremos compreender, neste capítulo, os fundamentos, classificações, exemplos e possibilidades educativas dessa classe especial de jogo que vem ganhando visibilidade e relevância, não só no meio escolar, mas também no meio empresarial e de gestão de pessoas: os jogos cooperativos.

Os jogos cooperativos partem de um princípio no qual se joga com os outros e não contra os outros. O objetivo desses jogos é unir o grupo que está participando, por meio de uma meta coletiva e não de uma meta individual. Com isso, podemos notar que a motivação dos jogos cooperativos está direcionada em superar medos, desafios e obstáculos e não na derrota do outro, desenvolvendo, assim, atitudes de empatia, cooperação, estima e comunicação.

É importante destacar que os jogos cooperativos não vêm substituir ou "demonizar" os jogos competitivos. Estes têm sua razão de ser, têm suas finalidades e sua relevância. Trata-se de um outro recurso, que trabalha de outro modo, enfatizando valores como a solidariedade, a confiança, a comunicação e a sinergia de seus participantes.

Fábio Brotto (2001, p. 27) nos descreve a seguinte distinção entre as ações de cooperar e competir nos jogos:

> *Cooperação: é um processo no qual os objetivos são comuns, as ações são compartilhadas e os benefícios são distribuídos para todos.*
>
> *Competição: é um processo no qual os objetivos são mutuamente exclusivos, as ações são isoladas ou em oposição umas às outras, e os benefícios são concentrados somente para alguns.*

Esse autor nos apresenta dois quadros bastante elucidativos em relação às caracterísitcas dos jogos descrito anteriormente:

Quadro 6.1 – *Comparativo entre jogos competitivos e jogos cooperativos*

JOGOS COMPETITIVOS	JOGOS COOPERATIVOS
São divertidos apenas para alguns jogadores.	São divertidos para todos.
Alguns jogadores têm um sentimento de derrota.	Todos os jogadores têm um sentimento de vitória.

(continua)

(Quadro 6.1 – conclusão)

JOGOS COMPETITIVOS	JOGOS COOPERATIVOS
Alguns jogadores são excluídos por sua falta de habilidade.	Todos se envolvem independentemente de sua habilidade.
Aprende-se a ser desconfiado, egoísta ou se sentir melindrado com os outros.	Aprende-se a compartilhar e a confiar.
Divisão por categorias: meninos x meninas, criando barreiras entre as pessoas e justificando as diferenças como uma forma de exclusão.	Há mistura de grupos que brincam criando alto nível de aceitação mútua.
Os perdedores ficam de fora do jogo e simplesmente se tornam observadores.	Os jogadores estão envolvidos no jogo por um período maior, tendo mais tempo para desenvolver suas capacidades.
Os jogadores não se solidarizam e ficam felizes quando alguma coisa de "ruim" acontece aos outros.	Aprende-se a solidarizar com os sentimentos dos outros, desejando também o sucesso destes.
Os jogadores são desunidos.	Os jogadores aprendem a ter um senso de unidade.
Os jogadores perdem a confiança em si mesmos quando eles são rejeitados ou quando perdem.	Desenvolvem a autoconfiança porque todos são bem aceitos.
Pouca tolerância à derrota desenvolve em alguns jogadores um sentimento de desistência em face das dificuldades.	A habilidade de perseverar em face das dificuldades é fortalecida.
Poucos se tornam bem-sucedidos.	Todos encontram um caminho para crescer e se desenvolver.

FONTE: BROTTO, 2001, P. 56.

A análise de Brotto (2001) também se foca nas situações que cercam os jogos competitivos e os cooperativos, como demonstrado a seguir:

Quadro 6.2 – *Comparativo entre situações competitivas e situações cooperativas*

Situação competitiva	Situação cooperativa
O êxito do objetivo é incompatível com o sucesso dos outros membros.	O êxito do objetivo é, em parte, consequência do sucesso dos outros membros.
É menos acessível às solicitações.	Mais sensíveis às solicitações.
Menor frequência na ajuda mútua.	Ajuda mútua frequente.
A produtividade qualitativa é menor.	A produtividade qualitativa é maior.
Há menor homogeneidade na quantidade de contribuições e participações.	Há maior homogeneidade na quantidade de contribuições e participações.
Tensão.	Descontração.
Jogar contra.	Jogar com.

Fonte: Brotto, 2001.

Brotto (2001), em seu livro *Jogos cooperativos: o jogo e o esporte como um exercício de convivência*, também apresenta outro lugar, outra atitude que os sujeitos podem adotar na vivência do jogo. Trata-se da omissão. Ou seja, o indivíduo pode não se interessar em competir ou cooperar. Argumenta o autor que tanto a omissão como a competição e a colaboração representam formas de perceber a vida e que estas modulariam, portanto, parte de nosso agir.

É nessa perspectiva, portanto, que os jogos cooperativos buscam contribuir na formação dos sujeitos: oferecendo experimentações e desafios que os levem a construir atitudes e saberes mais solidários, compartilhados, de cumplicidade, de inclusão, de criatividade e imbuídos de alegria.

Marcos Miranda Correia (2006), partindo das argumentações de Oliveras, também chama a atenção para a potencialidade dos jogos cooperativos de minimizar as atitudes agressivas e incrementar a comunicação entre os sujeitos participantes em função das características peculiares desse tipo de jogo, quais sejam: a não valorização do vitória ou da derrota, a flexibilização das regras e combinações, a rejeição das estratégias de eliminação de participantes, já que todos se manteriam até o fim do jogo, e a tentativa de evitar estímulos à agressividade e ao confronto individual ou coletivo.

Vejamos, no Quadro 6.3, uma representação esquemática dessas três possibilidades:

Quadro 6.3 – Omissão, cooperação e competição

Ver / Viver	Omissão (Individualismo)	Cooperação (Encontro)	Competição (Confronto)
Visão do Jogo	- Insuficiência - É impossível - Separação	- Suficiência - Possível para todos - Inclusão	- Abundância × Escassez - Parece possível só para um - Exclusão
Objetivo	- Ganhar sozinho - "Tanto faz"	- Ganhar... juntos	- Ganhar... do outro
O outro	- "Quem?"	- Parceiro, amigo	- Adversário
Relação	- Independência - "Cada um na sua"	- Interdependência - Parceria e - Confiança	- Dependência, rivalidade e desconfiança

(continua)

(Quadro 6.3 – conclusão)

VER / VIVER	OMISSÃO (INDIVIDUALISMO)	COOPERAÇÃO (ENCONTRO)	COMPETIÇÃO (CONFRONTO)
AÇÃO	- Jogar sozinho - Não jogar - "Ser jogado"	- Jogar COM - Troca e criatividade - Habilidade de relacionamento	- Jogar CONTRA - Ataque e defesa - Habilidades de rendimento
CLIMA DO JOGO	- Monótono - Denso	- Ativação, atenção e descontração - Leve	- Tensão, stress e contração - Pesado
RESULTADO	- Ilusão de vitória individual	- Sucesso compartilhado	- Vitória às custas dos outros
CONSEQUÊNCIA	- Alienação, conformismo e indiferença	- Vontade de continuar jogando	- Acabar logo com o jogo
MOTIVAÇÃO	- Isolamento	- Amor	- Medo
SENTIMENTOS	- Solidão - Opressão	- Alegria (para muitos) - Comunhão (entre todos) - Satisfação, cumplicidade e harmonia	- Diversão (para alguns) - Realização (para poucos) - Insegurança, raiva e frustração
SÍMBOLO	- Muralha	- Ponte	- Obstáculo

FONTE: BROTTO, 2001, P. 61.

> *Observando tantas diferenças entre os estilos de jogos apresentados, cabe a pergunta: Como você lida no seu trabalho, nas suas relações, em sua vida, com esses valores? Será possível vivenciar na escola situações que contemplem a cooperação? Que contextos e experiências nos conduzem a competir, a cooperar e a nos omitirmos de algo?*

É possível notar, nessas comparações, que os atos de cooperar e competir não se manifestam isoladamente nos jogos ou somente em função dos desafios propostos neles; eles refletem também a forma como os sujeitos participantes encaram o outro e experienciam as situações cotidianas da vida, como o trabalho, a comunicação, o lazer e a escolarização.

Evidentemente que nos jogos competitivos existem relações de cooperação entre os sujeitos (por exemplo, entre participantes da mesma equipe ou que desempenham o mesmo papel). O mesmo pode ocorrer num jogo pretensamente cooperativo, no qual o grupo ou alguns participantes podem externar ações e metas competitivas.

Nesse sentido, compete àquele que está dinamizando tal jogo compreender que a proposição de uma atividade de tal natureza nem sempre garante relações cooperativas. É preciso proporcionar um ambiente favorável para que os sujeitos que dela participam possam exteriorizar suas insatisfações, dúvidas e dificuldades. É justamente nessa experimentação e reflexão que reside a potencialidade do jogo cooperativo: que os sujeitos possam confrontar seus conceitos competitivos pré-formados e vivenciar outras possibilidades de relação e desafio, que incitem a cooperação, a coletividade e a solidariedade.

(6.1)
Tipos de jogos cooperativos

Os jogos cooperativos não constituem uma novidade. Terry Orlick, professor da Universidade de Otawa, no Canadá, um dos precursores dos estudos acerca dos jogos cooperativos, argumenta que tais manifestações "começaram há milhares de anos atrás, quando membros das comunidades tribais se uniram para celebrar a vida" (Orlick, 1989, p. 6).

O autor ainda explica que outros povos, como os aborígenes australianos, índios norte-americanos e brasileiros, entre outros, praticam a vida cooperativamente por meio da dança, dos jogos e de outros rituais.

Para esse estudioso, os fundamentos dessa forma de jogar consistem na cooperação, na aceitação, no envolvimento e na diversão. Segundo o autor, há quatro categorias diferenciadas de jogos cooperativos, os quais veremos, um a um, nas seções a seguir.

Jogos cooperativos sem perdedores

Todos os participantes formam um único grande time, no intento de superar um desafio comum, principalmente pelo prazer de continuar a jogar juntos. Um exemplo desse jogo é a "dança das cadeiras cooperativa". Na versão clássica e mais conhecida dessa atividade, os participantes circulam e dançam em torno de determinado número de cadeiras menor do que o número de participantes e, a cada parada da música, estes devem procurar se sentar. O participante que não conseguir lugar para sentar é eliminado da atividade e assim ocorre sucessivamente até que se conheça o vencedor. A cada rodada, retira-se uma cadeira, de modo que se tenha sempre um número de cadeiras inferior ao número de participantes.

Na versão cooperativa mais atual, as cadeiras continuam a ser retiradas a cada rodada em que a música para, no entanto, todos os jogadores permanecem na atividade. O desafio é que todos consigam sentar e/ou acomodar-se sem que os pés toquem no solo; tarefa que se tornará cada vez mais difícil, pela diminuição das cadeiras e dos espaços. Nessa perspectiva do jogo, a apelação é para o desafio individual e coletivo simultaneamente, além da construção de estratégias que representam a vitória do grupo.

Jogos cooperativos de resultado coletivo

Ocorre quando há duas ou mais equipes, com um forte traço de cooperação dentro de cada uma delas e entre elas. O principal objetivo é realizar metas comuns.

Um exemplo desse jogo pode ser a "travessia do navio". Os grupos compõem fileiras com cadeiras, colchonetes ou folhas de jornal (o ideal é de 2 a 4 fileiras), sempre uma de frente para outra. Os participantes permanecem de pé sobre as cadeiras ou jornais, transformando-se em "marinheiros e navios" (invocamos a chamada para o simbolismo do jogo). O jogo tem um desafio e duas regras. O desafio é atravessar os colegas para o outro lado da margem do rio, chegando com a mesma formação inicial, e a regra é uma vez o integrante estando em cima de seu "navio", este é proibido de arrastar a sua cadeira, jornal ou colchonete, tendo como fator complicador a impossibilidade do jogador de pisar no chão, ou seja, fora do jornal, do colchonete ou da cadeira.

A Figura 6.1 demonstra a disposição dos integrantes desse jogo.

Figura 6.1 – Representação esquemática do jogo "travessia do navio" com duas equipes

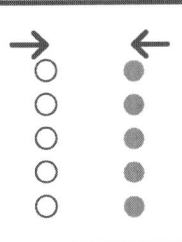

Trata-se de um jogo bastante dinâmico, pois a solução consiste em manter uma atitude solidária de compartilhar o espaço do "navio" para transportar o grupo. É comum ocorrerem situações de competição entre as equipes e ações individualistas dentro das próprias equipes, quando alguns jogadores chegam primeiro que o grupo e não partilham de uma atitude colaborativa. De todas as formas, o jogo pretende evidenciar justamente o acontecimento dessas ações e oferecer possibilidades de vivenciar e refletir sobre o senso coletivo e as dificuldades para a cooperação.

Jogos de inversão

Nessa categoria, há uma interdependência da participação do praticante em relação a sua equipe. São bastante adequados aos jogos coletivos com bola. Algumas estratégias possíveis são:

- Rodízio: os jogadores mudam de lado de acordo com situações preestabelecidas.
- Inversão do goleador: o jogador que saca, que marca um ponto, cesta ou gol passa para a outra equipe.
- Inversão do placar: o ponto, cesta ou gol conseguido passa para a outra equipe.
- Inversão total: tanto o jogador que fez o ponto como o ponto conseguido passam para o outro time. Exemplo: o praticante muda de time quando executa um gol (futebol cooperativo) ou concede um saque ao outro time, ou quando marca um ponto, também troca de equipe (voleibol cooperativo).

Jogos semicooperativos

São indicados para um início de trabalho com jogos cooperativos. Oferecem a oportunidade dos participantes jogarem em diferentes posições e, em princípio, que tenham as mesmas condições e possibilidades dentro da situação de jogo. Eis algumas estratégias possíveis:

- Todos jogam: todos que querem jogar recebem o mesmo tempo de jogo.
- Todos tocam/todos passam: em jogos com bola, esta deve ser passada entre todos os jogadores.
- Todos marcam ponto: para que um time vença, é preciso que todos os jogadores tenham feito pelo menos um ponto durante o jogo.
- Todas as posições: todos passam pelas diferentes posições no jogo.
- Passe misto: em jogos com bola, esta deve ser passada, alternadamente, entre meninos e meninas.
- Resultado misto: os pontos são convertidos ora por uma menina, ora por um menino.

Como já comentamos, é fundamental que o professor se envolva na atividade, participando e se entregando ao desafio proposto.

> *E você, que outros jogos cooperativos conhece?*
> *Experimente propor e realizar jogos cooperativos com seus alunos e colegas e debater com eles a respeito dos desafios, das dificuldades, das percepções e das aprendizagens que construíram.*

A seguir, apresentamos duas sugestões de jogos cooperativos:

"Grande Nó" ou "Nó Humano": o grupo se aproxima e dá as mãos livremente, sem a preocupação de constituir um círculo ou outra formação; forma-se realmente um emaranhado, um nó de pessoas. O desafio é desemaranhar esse nó, o máximo possível, sem soltar as mãos dos companheiros.

Ponte cooperativa: formam-se duas fileiras, uma de frente para outra, de modo que os companheiros deem as mãos aos que estão à sua frente. Forma-se uma grande ponte na qual os participantes, iniciando por uma extremidade, passarão um a um rastejando sobre os braços dos colegas. A ponte poderá ajudar, realizando movimentos ondulatórios para facilitar a passagem do colega. É interessante que na outra extremidade esteja o professor e/ou outros colegas para auxiliar na chegada dos companheiros.

(.)
Ponto final

Neste capítulo, estudamos uma classe especial de jogo, que chamamos de *jogos cooperativos*. Os jogos cooperativos vêm ganhando visibilidade não só no campo da educação, mas também nas áreas de administração, gestão de pessoas e educação física, justamente por chamar a atenção e valorizar em sua experimentação elementos fundamentais na vida do ser humano: diálogo, tolerância, parceria, solidariedade e trabalho coletivo. Esses elementos se encontram um pouco desgastados e abandonados nos tempos atuais.

Vimos que os jogos cooperativos apresentam diferentes possibilidades e versões e que eles nem sempre são bem compreendidos por seus participantes. Cabe ao professor que propõe e dinamiza tais jogos propor intervenções e problematizações adequadas, além de permitir que os sujeitos que dele participam possam exteriorizar suas insatisfações, dúvidas e dificuldades. Nem sempre a proposta de um jogo cooperativo tem em seu desenrolar ações cooperativas. É justamente nessa experimentação e reflexão que reside a potencialidade desse jogo. Que os sujeitos possam confrontar com seus conceitos competitivos pré-formados e vivenciar outras possibilidades de relação e desafio.

Indicações culturais

Livros

BROTTO, F. O. *Jogos cooperativos*: se o importante é competir, o fundamental é cooperar. 7. ed. São Paulo: Empório do Livro, 2003.

___. *Jogos cooperativos*: o jogo e o esporte como um exercício de convivência. Santos: Projeto Cooperação, 2001.

SOLER, R. *Brincando e aprendendo com os jogos cooperativos*. Rio de Janeiro: Sprint, 2005.

Nessas obras, os autores nos brindam com uma bela argumentação em prol da relevância e necessidade de vivenciarmos situações cooperativas não só na escola, mas também na vida. Apresentam, também, sugestões de dinâmicas e jogos cooperativos que podem ser adequados ao seu contexto escolar.

Atividades

1. Os jogos cooperativos partem de um princípio no qual se joga .... e não contra os outros. O objetivo desses jogos é .... o grupo que está participando, por meio de uma meta .... e não de uma meta individual. Assim, a motivação dos jogos cooperativos está direcionada a superar determinado .... e não o outro.
2. Na perspectiva de Brotto (2001), como podemos definir a cooperação e a competição?
3. Aponte alguns antecedentes dos jogos cooperativos.
4. Explique de que forma os jogos cooperativos buscam contribuir na formação dos sujeitos.
5. Que ações o professor deve propor ao dinamizar um jogo cooperativo, mas que inicialmente apresentou comportamentos e atitudes competitivas em seu andamento?

(7)

Recreação terapêutica

José Geraldo Soares Damico é licenciado em Educação Física (1989), mestre (2004) e doutor (2011) em Educação pela Universidade Federal do Rio Grande do Sul (UFRGS). Possui especialização em Saúde Mental Coletiva (1992) pela Universidade Federal de Santa Maria (UFSM) e em Teoria Psicanalítica (2000) pela Universidade do Vale dos Sinos (Unisinos). Tem experiência na área de educação física e saúde coletiva, com ênfase em educação e saúde, atuando principalmente com os seguintes temas: saúde, educação física, corpo, gênero, lazer, juventude e atividade física.

José Geraldo Soares Damico

Neste capítulo, buscaremos expor, de maneira sintética, a relação do lúdico e suas conexões/fraturas com os campos da saúde e da educação, demonstrando os fundamentos e cuidados em relação ao desenvolvimento da recreação terapêutica.

Os estudos de Ricardo Ceccim e Eneida Fonseca (1999), assim como os de Edson Saggese e Marcelo Maciel (1996), apontam de maneira consistente os riscos sofridos por crianças ao permanecerem internadas em hospitais. Para além desses estudos, é preciso destacar uma série de fenômenos colaterais advindos do tratamento hospitalar, mas que não fazem parte da investigação científica da área e nem do planejamento hospitalar e que, frequentemente, se apresentam como distúrbios do comportamento ou do desenvolvimento. Muitos deles são sutis, pouco perceptíveis, ou são atribuídos a problemas orgânicos como a anorexia, os vômitos, a insônia. Outros, como a depressão, não incomodam a equipe de enfermagem, até mesmo por facilitar seu trabalho: as crianças deprimidas ficam mais quietas, mais passivas e submissas. Tais sintomas são raramente observados.

Muito pouco se encontra na literatura pediátrica ou pedagógica a respeito de intervenções "coadjuvantes" aos procedimentos clínico-laboratoriais que possam ser utilizadas nas abordagens terapêuticas de crianças hospitalizadas. Contudo, alguns trabalhos apontam para os efeitos terapêuticos e profiláticos da atividade lúdica como um recurso terapêutico. A revisão das comunicações científicas sobre esse tema específico nos últimos cinco anos revela a escassez de produções nessa área.

No entanto, Alysson Massote Carvalho e Juliana Giosa Begnis (2006, p. 110) salientam:

A questão da má qualidade do atendimento no hospital, principalmente em relação à criança, é um problema recorrente em vários países do mundo, apontando para questões de ordem paradigmática existentes no próprio conceito de atendimento à saúde. Contudo, os hospitais têm mudado gradativamente suas políticas, estimulando os pais a participarem de maneira integral da internação de seus filhos, além de oferecerem serviços como assistência psicológica e social, acompanhamento escolar e atividades lúdicas às crianças.

Os dramáticos aumentos nos custos da hospitalização vêm fazendo com que esses programas sejam cortados do orçamento das instituições, para que outros recursos terapêuticos sejam favorecidos – principalmente os tecnológicos. Ou seja, esses programas correm o risco de desaparecer em função da mentalidade burocrata e tecnocrata vigente na gestão hospitalar.

(7.1)
O brincar no hospital

Quando Sigmund Freud (1996), em seu ensaio *Mais além do princípio do prazer*, publicado em 1920, empenha-se na elaboração do conceito de pulsão de morte[a], o psicanalista lança mão da brincadeira de uma criança de 18 meses como um dos exemplos de compulsão à repetição. O jogo em questão é construído pelo neto do psicólogo que, diante da ausência temporária da mãe, repete um movimento de vai e vem com um carretel amarrado a uma linha. Fazendo o carretel desaparecer e reaparecer, a criança acompanha esses movimentos com duas palavras: *fort* (fora) e *da* (aqui). O jogo, que é repetido incansavelmente em várias ocasiões, parece proporcionar grande prazer à criança, principalmente nos momentos de resgate do carretel desaparecido.

---

a. Freud interpretou esse jogo em relação à "grande obra cultural" da criança, que é suportar a saída da mãe sem se opor a isso, ou seja, renunciar à satisfação da sua pulsão. A criança pôde colocar em cena, ativamente, com o desaparecimento e o retorno do seu brinquedo, o desaparecimento e o retorno da mãe – que a criança tinha de aceitar passivamente. A criança encena, nesse jogo, o que ela sofreu, passivamente, com a ajuda de objetos, reconhecendo seu próprio papel de objeto na relação com sua mãe. Dessa maneira, ela (a criança) abre para si um caminho para poder ocupar, ela mesma, um papel de sujeito.

Trata-se, a partir de Freud, de compreender que as crianças podem, na mais tenra idade, suportar suas frustações, suas perdas, seus medos e suas dores, simbolizando-os por meio do brincar.

Como ressalta Elisa Santa Roza (1999, p. 36), "dizer que o brincar é uma linguagem significa de imediato conferir--lhe um caráter de prática significante". Assim, é possível relacioná-lo à estruturação subjetiva ou, como nomeado nos ensinamentos de Jacques Lacan (1998), à ordem simbólica que constitui um universo no qual tudo deve ordenar--se. Certamente, não foi por acaso que o jogo do *"fort-da"* e, naturalmente, o significado que Freud lhe conferiu tornaram-se um marco na elaboração de determinados pontos teóricos da psicanálise, particularmente no que diz respeito ao advento da linguagem, ao acesso da criança ao simbólico.

Essa posição/descoberta de Freud vem ao encontro de nossa proposição da necessidade de que as instituições hospitalares que atendem crianças tenham espaços adequados ao brincar dos pequenos pacientes.

A legislação brasileira reconheceu tal necessidade por meio da Resolução nº 41, de 13 de outubro de 1995, do Conselho Nacional dos Direitos da Criança e do Adolescente (Brasil, 1995), que determina quais são os direitos da criança e do adolescente hospitalizados. O item 9 refere-se ao "direito a desfrutar de alguma forma de recreação, programas de educação para a saúde, acompanhamento do currículo escolar, durante sua permanência hospitalar".

O Governo Federal implantou, nos últimos anos, uma política nacional de humanização das instituições públicas de atendimento e promoção à saúde. Chamada de

HumanizaSUS[b], essa iniciativa busca intervir nas relações entre aqueles que participam de maneira direta e indireta das ações de saúde (usuários, profissionais e comunidade), com o intuito de favorecer a autonomia e corresponsabilidade dos gestores para otimizar o atendimento, tornando-o mais acolhedor e ágil. (Brasil, 2001) Espera-se com essa política alcançar maior valorização da subjetividade e dos determinantes sociais presentes na atenção à saúde. Na opinião de Tarcísio Lins Arcoverde (2007), esses esforços ainda não se traduziram numa mudança de mentalidade por parte das equipes de saúde. Para esse autor, isso se deve ao "reflexo do modelo tecnicista, biologicista, voltado para a prática hospitalar, este tipo de formação não tem dado conta de satisfazer as necessidades básicas de saúde da população".

Atualmente, a internação de crianças em unidades pediátricas tem por objetivo a cura, quando possível, ou melhora sintomática do paciente, permitindo o seu retorno às condições habituais de vida. Para tanto, utiliza-se um tipo de monitoramento por meio da equipe de enfermagem e de equipamento tecnológico apropriado, diferentemente do contexto familiar ou ambulatorial.

Se, de um lado, a hospitalização favorece uma possibilidade de eficiência maior na terapêutica de crianças, de outro, sabemos o quão danosos podem ser os efeitos da internação nos aspectos emocionais e de desenvolvimento psicomotor das crianças, sem falarmos nas notórias questões resultantes das intervenções medicamentosas e da conhecida e temida *infecção hospitalar*, resultante dos fenômenos de resistência bacteriana e do intercâmbio dos agentes infecciosos entre pacientes, equipe técnica e acompanhantes.

---

b. Para saber mais sobre o Programa HumanizaSUS, acesse: <http://portal.saude.gov.br/portal/saude/area.cfm?id_area=1342>.

Santa Roza (1999) nos lembra de que, quando o quadro sintomático dos pacientes perturba o ambiente, como nos casos de agitações psicomotoras, choros prolongados ou gritos, fatos que dificultam o tratamento ou que tornam a criança incômoda na enfermaria, as equipes solicitam um especialista, um psiquiatra ou um psicólogo. Esses quadros são encarados como pertencentes a um outro campo, implicando questões que não devem ser formuladas porque eles não se enquadram no espírito cientificista do modelo biomédico de causa e efeito.

Essa problemática citada anteriormente nos alerta na direção de um conjunto de fatores implicados na internação dos pequenos pacientes: o afastamento do ambiente doméstico e da família, dos seus objetos, da alimentação costumeira, além do afastamento do ambiente escolar, dos amigos e dos horários habituais. Além disso, não se pode ignorar o medo do desconhecido e das situações de morte que a criança presencia ou às quais está sujeita em função de sua patologia.

O ambiente hospitalar moderno uniformiza e numera os pacientes; em nome da objetividade científica, estabelece um processo de destituição subjetiva destes. A despeito de suas intenções terapêuticas, os tratamentos se convertem em um conjunto de estudos, exames e diagnósticos, enfim, em um arsenal bélico contra a doença a ser derrotada a qualquer preço.

Esse contexto pode, portanto, ser danoso para as crianças, especialmente as com menos de 24 meses, já que, nesse período, a criança quase não dispõe de recursos para falar e compreender a internação hospitalar.

Boa parte dos estudos que justificam a presença da cultura lúdica nos ambientes hospitalares visa positivar aspectos essenciais e naturalizantes do brincar e do brinquedo.

No trabalho pioneiro de Ivonny Lindquist (1993), por exemplo, o brinquedo é utilizado como ferramenta essencial para proporcionar atividades agradáveis e divertidas às crianças, mas que tragam calma e segurança. Outra forma de introdução da cultura lúdica que vem sendo festejada são os grupos que utilizam técnicas baseadas na figura do palhaço (*clown*) para amenizar os sofrimentos advindos da hospitalização, tornando o ambiente de internação menos hostil do que em situações que essas atividades não se fazem presentes. O mais famoso exemplo a ser destacado são os "Doutores da Alegria", que, conforme relatado por Morgana Masetti (1998), são voluntários que buscam, por meio da figura do palhaço, o riso, que é a essência das crianças.

Ainda que essas iniciativas possam de fato trazer benefícios, tanto ao ambiente de hospitalização quanto às equipes e, obviamente, às crianças internadas, tais iniciativas devem ser questionadas e problematizadas, a fim de que possamos de fato propor ações terapêuticas com base no exercício lúdico.

(7.2)
Entre o pedagógico e o terapêutico

No trabalho de Saggese e Maciel (1996), citado no início deste capítulo, os autores perguntam: "Brincar – recreação ou instrumento terapêutico?". A resposta desses estudiosos é de que a maioria dos hospitais que se valem das atividades lúdicas busca ocupar o tempo dos pacientes e amenizar seu sofrimento.

Concordamos em parte com esses autores, por entendermos que o brincar e a cultura lúdica necessitam, de modo mais amplo, de uma teoria do sujeito que dê sustentação ao uso do lúdico de uma forma mais elaborada, numa intervenção terapêutica que não se resuma em iniciativas como a de voluntários que se travestem de médicos, no intuito de apenas "ocupar o tempo" dos pacientes (aqui se tratando dos "Doutores da Alegria" e outros grupos semelhantes).

A hospitalização pode constituir uma experiência dolorosa para qualquer indivíduo, se pensarmos no afastamento da criança de sua vida cotidiana, do seu ambiente familiar, isso sem falar na presença da dor gerada pela própria patologia ou por procedimentos invasivos, tais como exames, injeções ou até cirurgias, além da possibilidade de limitações físicas. Portanto, o surgimento de alguns sentimentos, como a culpa ou o medo da morte, devem ser enfrentados e não encobertos.

Trata-se de possibilitar que essa experiência possivelmente dolorosa possa ser reelaborada. Para tanto, é desejável que a criança, ao brincar, acesse instrumentos que permitam que ela simbolize seus sentimentos. Na visão de Rosa Maria de A. Mitre e Romeu Gomes (2004, p. 148), "o brincar aparece como uma possibilidade de expressão de sentimentos, preferências, receios e hábitos; mediação entre o mundo familiar e situações novas ou ameaçadoras; e elaboração de experiências desconhecidas ou desagradáveis".

É nesse caso que recorremos ao que aponta Alfredo Jerusalinsky (1999, p. 37):

> *A eleição de uma teoria do sujeito que sustente nossa prática e que possibilite uma comunicação interdisciplinar, que é*

resultado de inquietações e angústias por parte de seus atores. Estou falando agora de uma ética, ética que tem a ver com a demanda do desejo daqueles que atendemos, desejo que se expressa numa transferência porque se articula na relação conosco numa transferência.

A questão se coloca com base no que a teoria sustenta – a atividade da recreação no hospital, já que não possuímos os mesmos instrumentos que os médicos ou os grupos de enfermagem, instrumentos para realizar uma cura no plano do real, ou seja, fazer um bem médico. O brincar, para a criança hospitalizada, não terá o objetivo de alterar fatores clínicos patogênicos, mas introduzir uma modalidade de intervenção onde há um tipo de doença que não se pode curar.

Tanto no atendimento recreativo como em outras modalidades de atendimento, é possível que ocorra uma aliança de tratamento, que Freud (1996) chamou de *transferência* – esta se instala quando há um "outro" nesse lugar, a quem a criança confia sua capacidade de produzir, dizer, jogar e criar.

O recreador pode buscar atingir a ordem imaginária e simbólica, já que, brincando, dramatiza-se o que na realidade não somos. Deixando-se levar pelo desejo da criança, atentos a seu saber, podemos perceber que, por trás de cada desejo, há seguramente uma história que o suporta.

Se pudéssemos sintetizar as funções que cabem aos recreadores harmonizados com a psicanálise, poderíamos seguir as sugestões de Jerusalinsky (1999, p. 37):

Colocar-se no lugar do objeto que a criança demanda; introduzir ali, as demandas correspondentes no momento adequado, fazer-se de marco que sustente o brincar da criança e saber reordenar o saber dos pais para que eles mesmos ofereçam a seu filho o cenário adequado no qual representar o jogo da vida.

Como já comentamos, fazer um bem médico, isto é, introduzir saúde onde há doenças, mas fazê-lo justamente onde há um tipo de doença que não se pode curar, é um problema. No caso da recreação terapêutica, seria como se considerássemos as atividades lúdicas ideais para que cada criança recuperasse sua saúde ou que cada evento festivo fosse encobridor do padecimento dos sujeitos, ou ainda que cada pedido ou pergunta dos pais sobre a possível cura dos filhos fosse respondida positivamente.

Por outro lado, é extremamente fácil cairmos na tentação de atender à demanda dos pais tal qual ela se apresenta em sua aparência de cair na prática do real, ou seja, como demanda de "consertar um corpo estragado". Aqui surge um outro problema: o da identidade profissional. Ou melhor, até que ponto se pode exercer essa função quando se trata de um recreador terapêutico?

Quando nos perguntam sobre o que fazemos no nosso trabalho, respondemos que, basicamente, "brincamos", o que pode parecer pouco aos mais desinformados. Entretanto, desenvolver todo um instrumental ligado à cultura lúdica é atividade extremamente complexa e que necessita de anos de estudos. De acordo com Brougère (2002, p. 78): "para que isto aconteça, faz-se necessário que reconheçamos que cada criança partilha de uma cultura lúdica. Essa cultura é formada a partir da introjeção de regras oriundas do meio social que são particularizadas pelo indivíduo".

As práticas hospitalares habituais induzem os profissionais e os pacientes a uma multiplicidade clínica de estudos, exames, diagnósticos, tratamentos e orientações que podem servir aos profissionais menos ousados como uma verdadeira teia de procedimentos burocráticos e invasivos.

A convicção de que a linha terapêutica será mantida

se cada um fizer a sua parte adequadamente (o pediatra, o neurologista, o fisioterapeuta, o recreador etc.) é uma ficção que faz a prática clínica parecer uma linha de montagem industrial, na qual cada operário coloca a sua peça designada e ajusta a peça correspondente. Desconhece-se, assim, que o paciente humano excede o "mecânico" e se articula numa subjetividade que lhe dá suporte e que fundamenta a própria prática clínica.

Essas questões se tornam particularmente dramáticas no caso da infância, porque é nesse período da vida do ser humano que qualquer intervenção, em geral, possui chances de ser mais duradoura, provocando marcas e modificações mais severas.

(7.3)
Cuidados na realização da recreação terapêutica

Uma das dificuldades que se enfrenta na recreação terapêutica diz respeito ao espaço onde essa se realiza. São precisos alguns cuidados, como a higienização dos materiais, brinquedos e espaços. O Ministério da Saúde, na Portaria nº 2.261/GM, de 23 de novembro de 2005 (Brasil, 2005), prevê, em seu art. 6º, que:

> Art. 6º [...]
> II – deve ser prevista uma área para guarda e higienização dos brinquedos;

III – a higienização dos brinquedos deve ser conforme o definido pela Comissão de Controle de Infecção do Hospital (CCIH);

[...]

Quando a recreação terapêutica é realizada nos leitos, as interrupções constantes feitas pela necessidade de procedimentos técnicos podem, muitas vezes, quebrar o processo iniciado anteriormente. Assim, é preciso que o espaço da cultura lúdica no hospital constitua-se num local de garantia do brincar.

À guisa de conclusão

Caracterizado o pano de fundo de onde acontece a intervenção, cabe agora situar algumas questões conceituais a fim de podermos pensar uma recreação terapêutica examinada pelo olhar analítico.

É notório que uma das dificuldades que enfrentamos deve-se à ausência de um *setting* tradicional de quem atua num consultório, já que o espaço da cultura lúdica no hospital constitui-se num local de garantia do brincar e principalmente da convivência entre os pacientes e seus familiares/acompanhantes. Mesmo porque, como já vimos, as interrupções constantes ocasionadas pela necessidade de procedimentos técnicos acabam por atrapalhar o andamento das atividades lúdicas.

A transferência se instala no atendimento psicomotor, recreativo, fonoaudiológico ou psicopedagógico. O recreador pode emprestar seu corpo para que nele apareçam os imaginários da criança, ora como um piloto de Fórmula 1, como um jogador, um lobo ou uma cinderela. É nesse faz de conta que se atinge a ordem imaginária e simbólica, já que, brincando, dramatiza-se o que na realidade não somos.

Deixando-nos levar pelo desejo da criança, atentos ao seu saber, podemos perceber que, por trás de cada escolha, há seguramente uma história que a suporta.

Ainda sobre o lugar que ocupamos, queremos dizer que os psicomotricistas, pedagogos ou outros especialistas sabem de certos brinquedos das crianças, isto é, dedicaram-se a estudar. Esse saber pode converter-se em uma das melhores ferramentas ou pode tornar-se o mais pesado dos obstáculos, dependendo de como o recreador se faça presente na cena do brincar, uma vez que a criança deve ter a possibilidade de escolher e estabelecer as regras para o brincar, cabendo ao profissional fazer a mediação e não ditar as regras.

Para Carvalho e Begnis (2006),

> *É esse repertório interno, formado pela absorção singular de cada sujeito, das regras do meio social que vai fornecer referências para interpretar atividades e ações diversas como brincadeira, inclusive aquelas que podem se configurar como desconhecidas ou mesmo desagradáveis. Dessa forma, o brincar surge como uma possibilidade de modificar o cotidiano da internação, pois produz uma realidade própria e singular. Através de um movimento pendular entre o mundo real e o mundo imaginário, a criança transpõe as barreiras do adoecimento e os limites de tempo e espaço.*

O título que dá a habilitação e a formação profissional constituem um problema quando ele é colocado acima do cenário. Nós nos sentimos obrigados a demonstrar e exercitar nosso saber justamente no momento no qual o que mais interessa desenvolver é o saber da criança, saber que se expressa e trabalha ao brincar com o objeto.

(.)
Ponto final

Neste capítulo, estudamos uma modalidade específica de de enfoque das atividades lúdicas: a recreação terapêutica. Analisamos seus fundamentos teóricos e chamamos a atenção para os lugares em que o profissional que desenvolve tal prática pode se colocar.

A atividade lúdica, o que nós chamamos, com complacência, de *brincadeira*, é um longo trabalho de elaboração por parte da criança. É um trabalho que consiste em dar um sentido a esses significantes, sentido que não é outro que o da situação que a criança desenvolve no cenário lúdico. De saída, podemos dizer que o brincar é a atividade central e constituinte da vida de toda criança. O brincar é o cenário no qual a criança se apropria dos significantes que a marcaram.

Para o profissional da recreação terapêutica, é importante colocar-se no lugar do objeto que a criança demanda e introduzir ali as demandas correspondentes no momento adequado, fazer-se de marco que sustente o brincar da criança e saber reordenar o saber dos pais para que eles mesmos ofereçam à sua criança o cenário adequado para esta representar o jogo da vida.

Destacamos também uma série de fenômenos colaterais surgidos durante o tratamento hospitalar e que frequentemente se apresentam como distúrbios de comportamento ou de desenvolvimento. E, nesse sentido, abordamos a recreação hospitalar como uma ferramenta fundamental para o tratamento de crianças internadas.

Indicações culturais

Artigo

FONTES, R. de S. A escuta pedagógica à criança hospitalizada: discutindo o papel da educação no hospital. *Revista Brasileira de Educação*, Rio de Janeiro, n. 29, p. 119-138, ago. 2005.

Filme

DOUTORES da alegria. Direção: Mara Mourão. Produção: Fernando Dias, Maurício Dias e Tatiana Battaglia. São Paulo: Mamo Filmes, 2005. 96 min.

Nesse filme gravado em hospitais do Rio de Janeiro e São Paulo, integrantes da ONG "Doutores da Alegria" se vestem de médicos e, por meio de técnicas baseadas na figura do palhaço, buscam construir um ambiente de diversão e alegria às crianças hospitalizadas. Trata-se de um material interessante, no qual podemos visualizar uma possibilidade da ação lúdica com finalidades terapêuticas e analisar suas potencialidades e limitações.

Livros

CECCIM, R. B.; CARVALHO A. C. *Criança hospitalizada*: atenção integral como escuta à vida. Porto Alegre: Ed. da UFRGS, 1997.

FONTES, R. de S. A escuta pedagógica à criança hospitalizada: discutindo o papel da educação no hospital. *Revista Brasileira de Educação*, Rio de Janeiro, n. 29, p. 119-138, ago. 2005.

PITTA, A. *Hospital, dor e morte como ofício*. 3. ed. São Paulo: Hucitec, 1994.

Com esses três textos você poderá ampliar o debate acerca dos dilemas envolvidos no contexto da criança em situação de hospitalização, sobretudo com base em referenciais teóricos do campo da saúde e, assim, analisar as possibilidades e desafios para o desenvolvimento de práticas lúdicas nesse ambiente.

Atividades

1. Quais os principais fatores problemáticos implicados na internação de crianças?
2. Que cuidados são necessários na realização da recreação terapêutica?
3. Quais são as críticas apresentadas no texto em relação às dimensões essenciais e naturalizantes do brincar na recreação terapêutica?
4. Na perspectiva da linha teórica apresentada pelo texto, a que se propões a recreação terapêutica?

(8)

Políticas públicas de recreação
e lazer: do modelo de Estado
às ações cotidianas

Ismael Antônio Bacellar Schaff possui licenciatura plena em Educação Física (1984) pela Escola Superior de Educação Física do Instituto Porto Alegre e mestrado em Ciências do Movimento Humano (2009) pela Universidade Federal do Rio Grande do Sul (UFRGS). Integra o Grupo de Estudos Qualitativos de Formação de Professores e Prática Pedagógica em Educação Física e Ciências do Esporte – F3P-Efice, da Escola de Educação Física da UFRGS. Tem experiência na área de educação, com ênfase em educação física. Atua na área de gestão de pessoas, programas e projetos da SME, coordenando a modalidade Voleibol; trabalha também com grupos de iniciação esportiva do voleibol, reeducação postural e terceira idade.

Ismael Antônio Bacellar Schaff

Neste capítulo, estudaremos os conceitos de política pública, o papel do Estado e seus desdobramentos nas ações políticas no que se refere ao lazer e à recreação. Falar de política pública significa pensar o que e como o Estado planeja, como articula e proporciona espaços, serviços e bens à população. Analisar as políticas públicas de lazer e recreação significa, portanto, procurar compreender as concepções que antecedem às decisões que o Estado adota e as implicações sobre as ações que este materializa para essa dimensão da vida humana.

(8.1)
Alguns conceitos norteadores da discussão

Quando o tema é *política* – seja ela incidente sobre a esfera pública, seja sobre a esfera privada (governos, programas sociais) –, torna-se importante diferenciar empreendimento acadêmico de retórica político-partidária: este texto não pretende promover qualquer apologia dessa ordem; outrossim, buscamos propiciar reflexões sobre o modelo de Estado, as visões de sociedade e cidadão e as implicações sobre as ações políticas setoriais.

É importante destacar que a ação política materializa concepções sobre o mundo, sobre as relações sociais, sobre as formas de produção e o acesso aos bens de consumo, bem como o papel do Estado como propositor e ou mediador dessas relações. Ou seja, o ato político é um ato intencional, que dá materialidade ao modelo ideológico, atuando para garantir a lógica de suas concepções.

É o que aponta Marco Paulo Stigger (1998, p. 84), ao falar de políticas públicas:

> se está falando de um determinado tipo de intervenção. Intervenção essa que, necessariamente, deverá trazer consigo e ter, como ponto de partida, a posição político-ideológica que a norteia, a qual deverá estar inserida na concretização de todas as ações que vierem a ser adotadas.

Precisamos analisar sob que perspectivas se constitui o Estado, os significados dessa constituição e a implementação de políticas nos diversos campos da sua intervenção, independentemente de elas se situarem na esfera da economia, do planejamento, da segurança ou das políticas sociais, nas quais encontram-se a recreação e o lazer. Ao identificar o modelo de Estado, é possível compreender como a sociedade é chamada (ou não) a participar da constituição dessas políticas e das ações que dela decorrem.

Noção de Estado

Antes de buscar um conceito, procuraremos compartilhar algumas noções sobre o Estado, de tal modo que possamos melhor entender o contexto político, jurídico e social que se desdobra a partir dessas concepções fundantes sobre os modelos de Estado atuais.

Norberto Bobbio (1987, p. 73) refere-se ao Estado da seguinte forma:

> *Entendido como ordenamento político de uma comunidade, nasce da dissolução da comunidade primitiva fundada sobre os laços de parentesco e da formação de comunidades mais amplas derivadas da união de vários grupos familiares por razões de sobrevivência interna (o sustento) e externa (a defesa).*

Vários autores[a] tecem análises sobre o modelo e papel do Estado, sem, no entanto, estabelecerem formulações sobre o que é o Estado. Recorremos a Bobbio (1987), buscando uma definição fortemente marcada por uma abordagem jurídica, abrangente e que supera, de alguma forma, definições matizadas pelo viés ideológico, mas que parece adequada para a compreensão daquilo que pauta as reflexões sobre as políticas, como expressões fortemente imbricadas com o modelo do Estado:

---

a. Muller; Surel (2004); Soares; Caccia-Bava (1998); Boneti (2006).

> O Estado tem sido definido através de três elementos constitutivos: o povo, o território e a soberania [...]. Para citar uma definição corrente e autorizada, o Estado é "um ordenamento jurídico destinado a exercer o poder soberano sobre um dado território, ao qual estão necessariamente subordinados os sujeitos a ele pertencentes". [...] o poder soberano torna-se o poder de criar e aplicar direito (ou seja, normas vinculatórias) num território e para um povo, poder que recebe sua validade da norma fundamental e da capacidade de se fazer valer recorrendo inclusive, em última instância, à força e, portanto, do fato de ser não apenas legítimo mas também eficaz (legitimidade e eficácia referenciam-se uma a outra); o território torna-se o limite de validade espacial do direito do Estado [...] o povo torna-se o limite da validade pessoal do direito Estado, no sentido de que as próprias normas jurídicas valem apenas, salvo casos excepcionais, para determinados sujeitos que, deste modo, passam a constituir os cidadãos do Estado. (Bobbio, 1987, p. 94)

É importante destacar a complexidade do quadro econômico e social num mundo globalizado e organizado com base na lógica capitalista. Significa dizer que tensões constituídas em outros países ou organizações de atuação transnacional podem interferir nos projetos políticos pelo mundo afora, e isso desdobrando-se sobre as diversas classes sociais e a organização da sociedade civil.

Trazendo esse enunciado para o quadro atual, cabe uma reflexão sobre a soberania, especialmente pelo viés econômico, em tempos de globalização. São os governos autônomos ou pautados fortemente por agendas e interesses transnacionais?

Por exemplo: quando o Fundo Monetário Internacional (FMI) ou a Organização Mundial do Comércio (OMC) ou, ainda, um pregão de certa de bolsa de valores ao redor do mundo impõe uma nova regra ou altera uma norma do "jogo" da economia, consequências imediatas desdobram-se ao redor do planeta: o preço do barril de petróleo no Golfo Pérsico pode subir e, em decorrência disso, o preço da comida aumentar no Brasil; um investidor retira seu dinheiro na Bolsa de Nova Iorque e pessoas podem perder seus empregos aqui no nosso país. Ou seja, a política de um país é diretamente afetada por aspectos transnacionais.

Cabe, então, resumidamente, diferenciar as formas de estruturação e intervenção do Estado, segundo seus pressupostos ideológicos. O Estado neoliberal é fortemente marcado pela lógica da intervenção mínima sobre o mercado, deixando para este a responsabilidade de regulação do processo de produção e do acesso aos bens, podendo eles serem materiais, culturais ou de serviços.

Decorre disso um modelo de gestão pública marcada pela privatização, inclusive em áreas de espectro amplo, como: produção e distribuição de energia, rede de circulação viária, saúde, previdência social, entre outros setores estratégicos.

Sob o discurso de que o Estado não consegue dar conta dessas áreas de forma tão competente quanto a iniciativa privada, cabe ao cidadão ter as condições, advindas do mercado, de acesso a esses bens: via de regra, quem tem, "compra", quem não tem, fica à margem do processo.

Segundo esse modelo, podemos observar que os bens culturais – atividades e programas de recreação e lazer, música, teatro, entre tantos outros – tornam-se responsabilidade da iniciativa privada, tratados como bens de consumo de uma indústria cultural, como apontado por Marcellino (1987,p. 2001) ao longo de sua obra.

Uma outra visão é a que tem sido proposta e implementada pelo campo da esquerda, tanto nos países da Europa que elegeram como modelo político partidos de orientação socialista quanto no próprio Brasil, onde experiências de cunho democrático-participativo se constituíram nas diversas esferas: municipais, estaduais e federal.

O Estado referido anteriormente assume outra perspectiva quanto ao seu papel nas relações com a economia, com a sociedade civil e com a sua intervenção, no que se refere a políticas essenciais: inverte a lógica do Estado mínimo, não desonerando-se de sua responsabilidade de propor e implementar ações e estabelecer canais de participação efetiva da sociedade na priorização dessas políticas.

Algumas das experiências de gestão participativa são tratadas na obra organizada por Soares e Caccia-Bava (1998), trazendo para a cena os pressupostos de um modelo de intervenção do Estado que coloca o foco das ações no reconhecimento das desigualdades e injustiças sociais, como nos aponta Amélia Cohn (1998, p. 143): o Brasil "não é um país pobre, mas sim um país injusto".

Portanto, o desafio da superação da pobreza, seja ela de caráter essencialmente econômico, seja de caráter cultural, passa não só pelo aumento absoluto da produção desses bens, mas por "associar a questão da superação da pobreza a medidas de caráter redistributivo, de transferência direta de renda, de transferência indireta, por meio de políticas sociais efetivamente redistributivas, e não meramente compensatórias das desigualdades sociais" (1998, p. 144).

Os principais desdobramentos dessa perspectiva é que o Estado deve buscar garantir o acesso aos bens (alimentação, saúde, educação, trabalho, cultura e lazer, previdência social) a todos os cidadãos, partindo, no entanto, do reconhecimento das desigualdades sociais. Nesse enfoque, cabe ao Estado um papel redistributivo, que tem nas políticas públicas a materialização de sua intervenção.

Dessa forma, podemos ver que o modelo de Estado será determinante na constituição das políticas públicas, privadas, na sustentação jurídica que se estruturará para legitimar a forma de intervenção desse Estado na sociedade que o constitui. Tanto maior será a busca de abrangência e de investimento de poder ao Estado à medida que a sua sustentação ideológica entenda o direito social como *para todos*: saúde, trabalho, educação, alimentação, moradia, cultura, lazer, transporte, segurança – são campos que podem ser DEVOLVIDOS PARA A LÓGICA DO MERCADO no Estado mínimo neoliberal, ou entendidos e assumidos pelo Estado como sua responsabilidade na garantia dos direitos a todos os cidadãos.

Políticas públicas

Considerando as reflexões anteriores sobre as possibilidades de constituição do Estado, poderíamos, na busca de uma síntese, pensar que a política pública é a forma de ação/intervenção de um modelo de Estado sobre determinado campo, entendida aí, também, a não ação/não intervenção como uma tomada de posição. Ao buscarmos identificar a prioridade de investimentos públicos sobre a saúde pública, por exemplo, temos a concretização da visão do Estado sobre sua responsabilidade em levar saúde como um direito do cidadão e não como produto privado, disponível aos que possam comprá-la. Num modelo inverso, o Estado pode omitir-se de intervir na área, deixando para a esfera da iniciativa privada a oferta e o custeio de bens e serviços.

Não desvinculados dos aspectos levantados até aqui, os pressupostos para tomada de decisão por parte do Estado e a concepção de gestão são de grande importância. Num modelo centralizador, um corpo técnico/político estabelece prioridades e estratégias de ação setorial, muitas vezes sem conexões efetivas com os diversos segmentos sociais que demandam por intervenções. Talvez, como nos aponta Boneti (2006), pela presença ainda marcante de uma tradição iluminista, na qual a busca de verdades de caráter científico, de cunho universalista, essas iniciativas trazem não só a busca de uma homogeneização, como implicação no campo da política, mas também partem do princípio de que a sociedade é homogênea, colocando a ação da política pública no sentido de igualar e não o de identificar e resolver as desigualdades.

Aliás, é de central importância, no entendimento e debate da política pública, uma discussão sobre igualdade/desigualdade, democracia/acesso efetivos. Entendidos nos seus sentidos mais amplos e nas implicações conceituais que as envolvem e que lhes dão concretude, a pressuposição de que a democracia apoiada no aparato legal garantiria a igualdade tem dado mostras inequívocas de sua insuficiência. Assentar a ação política pública no pressuposto de que "todos [os cidadãos] são iguais perante a lei", iguais no que se refere aos preceitos constitucionais, significa manter o quadro de hegemonias, de preservação dos interesses das classes dominantes, não só na esfera econômica, mas também no que se refere aos bens culturais.

O reconhecimento das desigualdades como pressuposto para a ação política coloca sob a responsabilidade do Estado a busca de um reordenamento amplo do acesso aos bens e serviços essenciais para aqueles membros da sociedade que encontram-se privados de condições dignas de cidadania. Privações que não se resumem à dimensão econômica, como bem destaca Boneti (2006, p. 36) sobre o estudo feito a respeito do tema *desigualdade*:

A pessoa pobre entrevistada não utiliza como parâmetro de pobreza o nível de rendimento familiar. Ela não percebe também o analfabetismo e as condições materiais (habitação, a capacidade de consumo, etc.) como sinônimo de pobreza. O pobre se sente pobre quando não tem acesso ao trabalho, à escola, ao transporte coletivo, aos serviços de saúde, etc.

Longe de esgotar as discussões de espectro mais amplo sobre o papel do Estado no estabelecimento de prioridades e de agendas que deem conta de reverter o quadro de profundas distorções sociais ao redor do planeta, cabe-nos identificar possibilidades ou o que Muller e Surel (2004, p. 144) chamam de *janelas de oportunidade*, nas quais os próprios mecanismos de crise expõem contextos de vulnerabilidade, de disputa de poder, de contradição, abrindo caminhos possíveis para sua superação.

(8.2)
As políticas públicas de recreação e lazer

O lazer, embora não mencionado ainda neste capítulo, certamente é um dos bens socioculturais cuja privação constitui um quadro de "pobreza" reveladora das desigualdades anteriormente abordadas. Sua relevância na vida das pessoas, mesmo quando não explicitada formalmente – pela sua "pouca ressonância social" (Marcellino, 2008, p. 25) –, ganha expressão na ocupação das praças, dos parques, das quadras, das ruas e das avenidas para a mais diversas atividades, do bate-bola à leitura de um livro, da corrida à contemplação de um belo cenário.

> *A questão que deve emergir é: Espaços, atividades, serviços – eles estão à disposição de todos? Qual o papel assumido pelo Estado no sentido de garantir o lazer como um direito social?*

Na década de 1970, o lazer passou a ser objeto de estudos específicos no Brasil, tendo no sociólogo francês Joffre Dumazedier um dos grandes teóricos que influenciaram tanto os estudos no país como as ações do Serviço Social do Comércio (Sesc), bem como na matriz de trabalhos como o da Fundação de Educação Social e Comunitária de Porto Alegre (Fesc), por exemplo. (Mascarenhas, 2003)

No entanto, o tema *lazer* assumiu um papel de maior relevância no cenário brasileiro quando do seu reconhecimento constitucional (Constituição Federal de 1988), com desdobramentos em praticamente todas as constituições estaduais e leis orgânicas de municípios de nosso país. (Ferreira; Marcellino, 2007)

As demandas e agendas de eventos esportivos e recreativos nas cidades passaram a tensionar pela criação e implantação de políticas mais específicas de recreação e lazer, daí resultando desde a criação de órgãos específicos de gestão até a constituição do aparato legal necessário para viabilizar ações, programas e formação de recursos humanos para a implementação destes.

Retomando as possíveis relações entre o modelo ideológico do Estado e o significado do lazer (Marcellino, 1987):

- Na lógica neoliberal hegemônica, o lazer é reduzido às suas dimensões funcionalistas.
- Em uma política setorial de viés participativo-democrático, busca-se não submeter o lazer à lógica

mercadológica, ou seja, tratando-o como um produto de consumo ou de viés utilitarista de capacitação para o próprio trabalho, mas um lazer entendido como a "cultura – compreendida no seu sentido mais amplo – vivenciada (praticada ou fruída) no 'tempo disponível'" (1987, p. 31). Visão de lazer alicerçada em eixos norteadores como emancipação, autonomia e cidadania.

Alguns exemplos: se o modelo de esporte a ser priorizado for o de alto rendimento, poderemos ter desdobramentos nos investimentos do recurso público (custeio de atletas), nas finalidades das atividades (modelo de alta seletividade, balizado pela excelência técnica) e na ação do professor, que deverá comprometer-se com estratégias seletivas, reveladoras do talento esportivo.

Por outro lado, se o modelo esportivo for o de participação, os investimentos deverão voltar-se para a ampliação dos espaços públicos e gratuitos e de estratégias que busquem a ampliação da base de praticantes; o formato das atividades deverá apontar para o não afunilamento dos eventos, prolongando ao máximo o tempo para a prática; por fim, nessa perspectiva, cabe ao educador ter o esporte como meio educativo e lúdico.

Poderíamos fazer análises similares sobre os conteúdos do lazer, sobre a visão de envolvimento comunitário, ao pensar políticas e práticas, bem como sobre a atuação docente.

Se a visão de lazer, recreação e esporte estiver pautada pela agenda hegemônica, o modelo de intervenção e de formação provavelmente não questionará uma lógica de investimentos do dinheiro público no alto rendimento, num modelo de descoberta dos grandes talentos; além disso, terá nos professores técnicos em busca de resultados e da excelência da *performance* seu objetivo final.

Da mesma forma, o lazer visto como produto, como objeto de consumo, coloca o Estado como promotor de eventos, seus professores como supervisores de equipamentos e o cidadão como consumidor mais ou menos passivo, dependendo da atividade.

> *Atentos para essas possibilidades e esses riscos, cabe analisar como se constituiu a estrutura, a agenda e a forma organizacional da proposta de lazer e recreação em sua cidade e na sua escola. O lazer e a recreação são promovidos e trabalhados como atividades de "premiação", de passatempo e de contemplação? Ou o lazer e recreação são encarados como espaço de vivência cultural educativa, de articulação comunitária e de participação efetiva?*

Das reflexões às proposições

Finalizando este capítulo, apresentamos alguns indicativos que auxiliam o planejamento de uma política pública de lazer e recreação:

- Construir um amplo diagnóstico da realidade de lazer, levando em conta os espaços, equipamentos, culturas, interesses e tradições do contexto.
- Envolver a comunidade em seu planejamento e sua execução.
- Criar programas de parcerias com os setores público e privado.
- Investir na formação docente, de modo a ter profissionais sintonizados com a proposta político-pedagógica;
- Planejar ações, espaços e equipamentos que levem em conta a inclusão e a diversidade culturais;
- Considerar os diferentes interesses decorrentes das

distintas faixas etárias, das diversas orientações sexuais, dos mais variados gostos e das tradições locais;
- Articular as ações, eventos e atividades com outras forças e setores do Estado: segurança, transporte, habitação e educação.

(.)
Ponto final

Neste capítulo, exploramos alguns entendimentos sobre o papel do Estado e seus determinantes na intervenção e proposição de políticas públicas de recreação e lazer. Vimos que o lazer e a recreação podem ser encarados numa perspectiva funcionalista, em determinado modelo de política pública; mas pode representar também um espaço de articulação comunitária, espaço de vivência cultural e de aprendizagens significativas.

Fica também o desafio aos formadores de opinião – aos professores identificados com os conteúdos do lazer e da recreação, àqueles que de alguma forma empreendem esforços nesse campo, para que tensionem o Estado com projetos, com uma busca de participação no planejamento e implementação das ações, na discussão sobre a gestão das políticas.

Indicações culturais

Livros

BONETI, L. W. *Políticas públicas por dentro.* Ijuí: Ed. da Unijuí, 2006.

O autor apresenta discussões sobre o Estado, a sociedade civil, o capitalismo global como projeto, os diversos agentes na política pública, bem como a elaboração, operacionalização e objetivos atuais das políticas públicas.

MARCELLINO, N. C. (Org.). *Políticas públicas de lazer.* Campinas: Alínea, 2008. (Coleção Estudo do Lazer).

Essa é uma obra relevante e recente nesse campo, na qual os vários colaboradores abordam diferentes temas relacionados ao lazer, desde reflexões sobre o atual quadro das políticas setoriais do país, a ação comunitária, a animação sociocultural, a formação profissional até a discussão sobre espaços e equipamentos.

SOARES, J. A.; CACCIA-BAVA, S. (Org.). *Os desafios da gestão municipal democrática.* São Paulo: Cortez, 1998.

Nessa obra, são postas em debate experiências brasileiras que buscaram outras formas de relação com a sociedade, com os problemas urbanos, fundamentalmente com base no já referido reconhecimento das desigualdades.

Apesar de não referido de forma direta ao longo do texto, mas de inequívoca importância na discussão desse tema, seria a leitura das plataformas políticas/planos de governo setoriais, nas diversas instâncias (municipal, estadual e federal), de tal forma que possamos analisar e, se necessário, por em debate conceitos, coerências, agendas e prioridades, bem como buscar a necessária convergência entre os anseios sociais e as ações de seus dirigentes.

Atividades

Como forma de exercitar as reflexões aqui propostas, aproximando-as da realidade do leitor e desafiando-o a estabelecer proposições concretas no campo das políticas públicas de lazer e recreação, propomos as seguintes questões:

1. Procure, em um órgão responsável pelas ações públicas de lazer e recreação da sua cidade (secretaria, departamento, supervisão etc.), algum documento ou informativo que explicite propostas político-pedagógicas, programas/ projetos: faça uma análise destes, buscando identificar o modelo de intervenção do Estado predominante (representado pelo órgão escolhido).
2. Faça um levantamento de espaços/equipamentos públicos de lazer num local próximo ao seu cotidiano de vida (moradia, trabalho etc.) e procure identificar a existência de alguma forma de intervenção/investimento do órgão consultado na questão nº 1.
3. Em caso afirmativo, procure informações sobre a forma de intervenção: existe alguma sondagem prévia sobre a cultura local? Lideranças locais participam em alguma fase do planejamento das atividades propostas? Existem canais de interlocução entre poder público e comunidade? Em caso negativo, faça a atividade n° 4 a seguir.
4. Pense em elaborar um projeto de lazer para sua comunidade e busque os canais possíveis para implementá-lo. Ou seja, da reflexão à ação.

(9)

Jogos indígenas no Brasil

Elisandro Schultz Wittizorecki

Neste capítulo, estudaremos alguns elementos do universo lúdico dos índios brasileiros, como jogos, brinquedos e brincadeiras. Em um país continental como o Brasil, construído pela força e cruzamento de inúmeras culturas, é fundamental estudarmos as manifestações lúdicas dos indígenas. Buscaremos compreender a localização de seus jogos, brinquedos e brincadeiras nas suas culturas e visualizar como essas práticas podem ser contempladas no universo escolar. Esta seção é baseada na pesquisa feita pelo projeto *Jogos Indígenas do Brasil*[a].

A seguir, apresentaremos algumas dessas manifestações nas tribos visitadas pelo grupo do projeto.

Um jogo de destaque encontrado em várias etnias indígenas do Brasil é o ADUGO. Este é também chamado de *onça e cachorros* ou *jogo da onça*. Trata-se de um complexo jogo de estratégia que pode ser jogado no chão ou em tabuleiro. O jogo envolve 2 jogadores, 14 peças chamadas *cachorros* e 1 peça que será a *onça*, e esta adota a posição inicial como mostra a Figura 9.1:

Figura 9.1 – *Área de jogo do adugo ou "jogo da onça"*

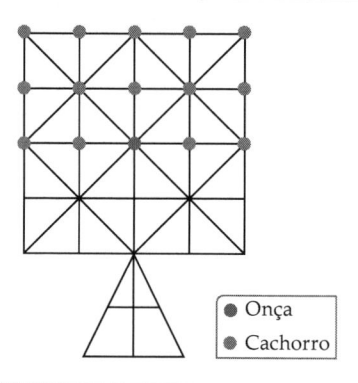

O jogo consiste na movimentação das peças para a casa mais próxima, no qual os cachorros tentarão encurralar e imobilizar a onça, ao passo que esta deverá "comer" 5 cachorros, saltando sobre eles para uma casa vazia (tal

---

a. De outubro de 2003 a maio de 2004, o projeto *Jogos Indígenas do Brasil* buscou fazer o levantamento e a divulgação dos jogos, brinquedos e brincadeiras dos índios brasileiros. Essa pesquisa foi realizada pela Origem – Jogos e Objetos, uma empresa brasileira, fundada há 14 anos, especializada na pesquisa, adaptação e comercialização de jogos de tabuleiro e objetos lúdicos. O projeto contou com o financiamento da Lei de Incentivo à Cultura do Ministério da Cultura.

como no jogo de damas). O primeiro movimento é feito pela onça. O jogador que atinge seu propósito primeiro vence o jogo.

Na sua visita à tribo dos Bororos, na aldeia Meruri, no Mato Grosso, e aos Manchineri, na Aldeia Extrema, no Acre, os pesquisadores do projeto observaram o jogo. Outros jogos parecidos com o "jogo da onça" são conhecidos por serem realizados na China, na Índia e pelo povo inca no Peru, ocorrendo, em cada país, uma mudança nos nomes das peças, como "puma e carneiros", no caso do Peru.

> *Vamos jogar? A proposta é que você possa confeccionar o tabuleiro em uma folha de papel e construir as peças (cachorros e onça) com material alternativo, como pedras ou grãos. Veja que, ainda que a onça esteja em desvantagem numérica, sua estratégia deve ser de ataque aos cachorros, pois, se o jogador se limitar a fugir com a onça, estará fadado à derrota. Ao mesmo tempo, os cachorros, mesmo em vantagem numérica, devem avançar e encurralar a onça com cuidado, de modo a evitar a perda de suas peças, já que basta a captura de cinco delas para que seja decretada a derrota do oponente no jogo.*

Já na aldeia dos Kamaiurá, localizada no Alto Xingu, Mato Grosso, alguns brinquedos conhecidos, tais como o pião e a perna de pau, foram mostrados por essa comunidade indígena.

É fundamental compreendermos que os brinquedos vão ganhando diferentes sentidos dentro do universo cultural em que se inserem. A perna de pau, por exemplo, é um aparato muito interessante e desafiador – podemos trabalhar o equilíbrio, a confiança e a coordenação, realizando atividades individuais e coletivas. Entretanto, no contexto indígena em questão, o simbolismo desse brinquedo está associado ao movimento das aves.

Falemos agora dos índios Parecis, que também vivem no Estado do Mato Grosso. Na etnia dos Parecis, o projeto levantou uma prática interessante de jogo e que se aproxima de características como a tensão e a disputa, típicas de jogos que estudamos em outros capítulos. Trata-se da aposta. Os jogadores indígenas dessa etnia apostam objetos de alguma relevância para eles. Tal fato pode ser também observado em outros contextos, como no ambiente urbano, no qual as crianças apostam figurinhas, piões, bolinhas de gude.

Também entre os Parecis, podemos ver a presença muito forte da "cama de gato" (Figura 9.2). Amarrando um fio ou barbante de aproximadamente 1 metro e manuseando-o com as mãos e os dedos, podemos obter a forma de diversos objetos e desenhos. Pode-se fazê-la individualmente ou em duplas. Na cultura indígena, há uma preocupação em nominar os objetos representados pelos fios, que normalmente lembram animais, situações e fenômenos do cotidiano.

> *E você, que formas de cama de gato conhece? Mostre aos seus colegas as formas de cama que você conhece.*

Indo ao Maranhão, o projeto visitou os índios Kanela. Foram observados diversos brinquedos e jogos que conhecemos e dos quais já ouvimos falar: jogo de taco, bolinha de gude, estilingue, pião, "cama de gato" e dobraduras, todas feitas com elementos da natureza, como a polpa de buriti. Mas o jogo mais desafiador dos Kanela, sem dúvida, é o "anel africano", um jogo mundialmente conhecido. Trata-se de um quebra-cabeças que consiste em fazer passar uma

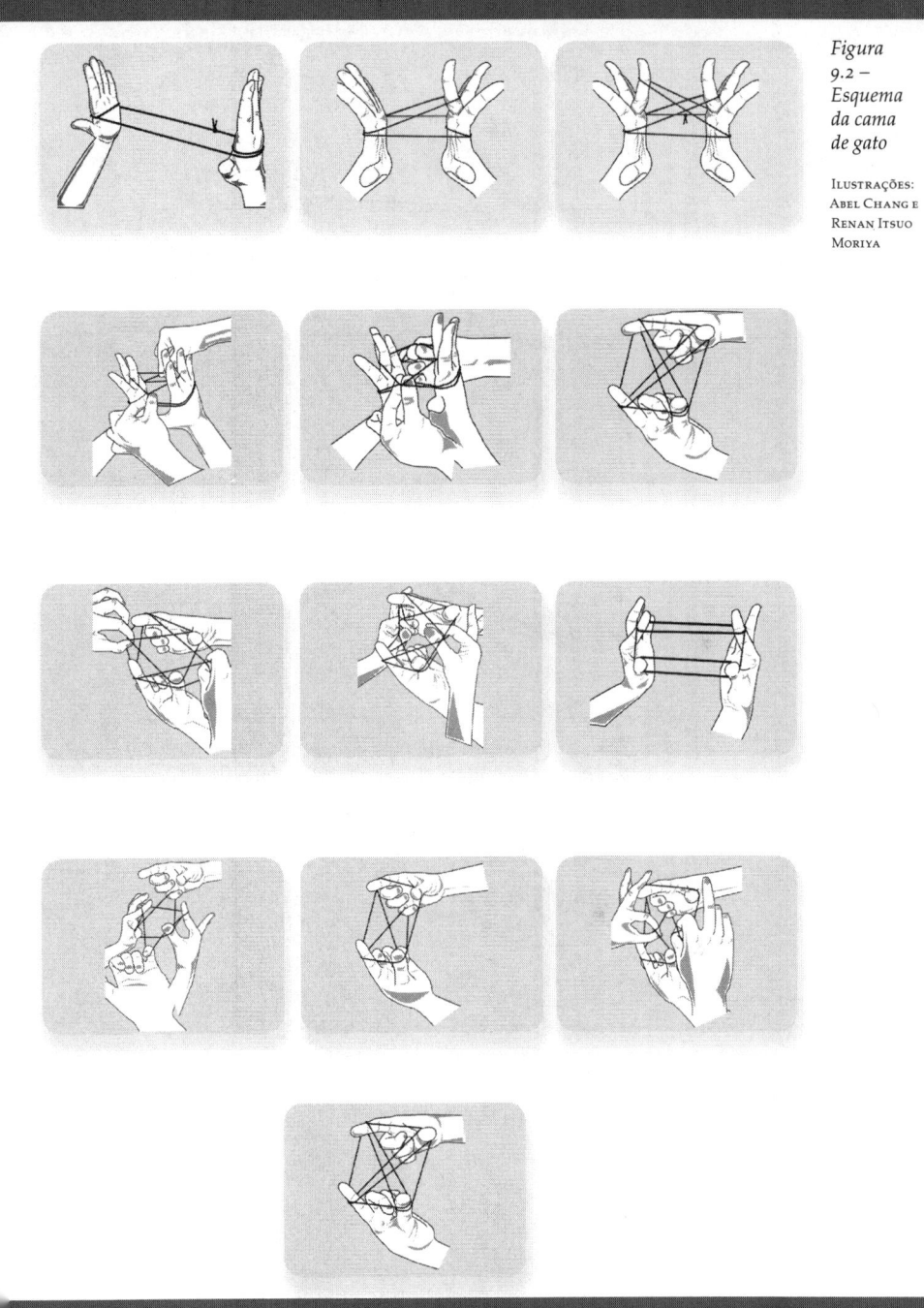

Figura 9.2 – Esquema da cama de gato

ILUSTRAÇÕES:
ABEL CHANG E
RENAN ITSUO
MORIYA

das duas argolas, o "anel", de um lado a outro da laçada, como mostra a Figura 9.3.

Figura 9.3 – Jogo do "anel africano"

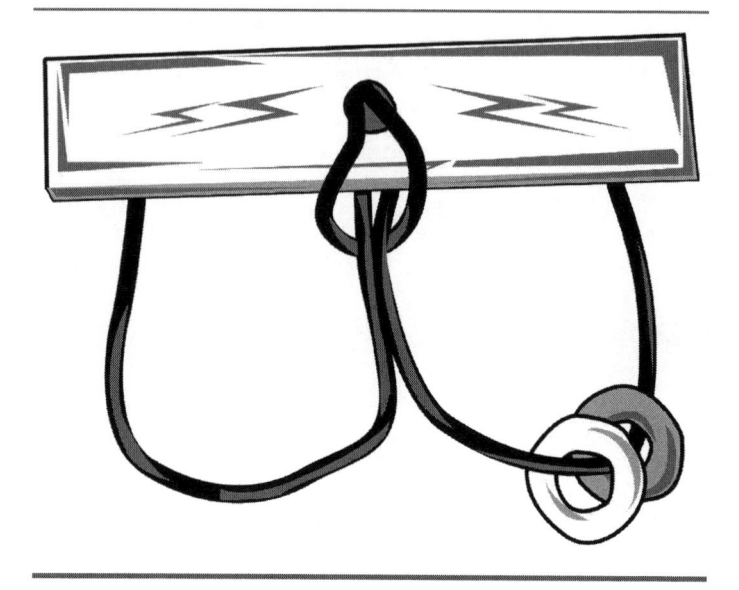

ILUSTRAÇÃO: ABEL CHANG E RENAN ITSUO MORIYA.

Usa-se um pequeno pedaço de madeira ou galho, um barbante e duas pequenas argolas. Podemos considerá-lo um jogo de grande complexidade, pois exige do jogador um elevado grau de raciocínio e paciência na sua resolução.

Evidentemente, cada etnia indígena apresenta suas especificidades quanto ao material utilizado, às regras, à motivação para o jogo e às pessoas envolvidas.

Em meio aos Ticunas, na região amazônica, a pesquisa também pôde levantar a prática de jogos e o uso de materiais comuns a outras etnias, como a bolinha de gude, o bilboquê, o pião, a "cama de gato" e a peteca. A peteca é uma criação indígena e, em tupi, significa "bater".

Construindo uma peteca

É possível fazer uma peteca com materiais alternativos e bastante acessíveis. Serão necessários 2 folhas de jornal, um punhado de areia, barbante de 30 cm ou atilho, uma tesoura, algumas folhas de árvore. Em duas folhas de jornal dobradas, colocamos um pouco de areia ou algumas pedrinhas. Fechamos de modo a fazer uma trouxinha. Amarramos a trouxinha com um barbante e cortamos um pouco do excesso do jornal, para facilitar seu manuseio. Podemos também adornar, colocando algumas folhas de árvores, em vez de manter as folhas de jornal sobressalentes. A palha de milho também é um ótimo recurso para substituir o jornal.

Em visita aos Machineri, no Acre, além dos conhecidos jogos e brinquedos relatados, pôde-se ver também algumas outras modalidades conhecidas por nós: o "jogo da velha", o "jogo de varetas", "briga de galo" e a "dança das cadeiras", além do "jogo da onça".

Como podemos ver, os jogos e brinquedos indígenas ganham contornos singulares, refletindo sua cultura, seu simbolismo, sua forma de ver o mundo, a vida e suas relações sociais. Quando falamos de jogos educativos que trabalham uma ou outra habilidade, estamos nos referindo à nossa forma e expectativa de ver e vivenciar o jogo.

Assim, quando vemos uma criança não indígena brincando com um estilingue (também chamado de *bodoque*, *atiradeira* ou *funda* em algumas regiões do Brasil) derrubando latas com pedras, por exemplo, ou uma criança indígena fazendo o mesmo com frutos, a experimentação lúdica pode ser a mesma, mas suas finalidades dentro do projeto de vida e da cultura em que vivem provavelmente dão significados e relevâncias diferentes para seus gestos.

(9.1)
O evento Jogos dos Povos Indígenas

Assim como nós promovemos torneios, eventos e gincanas que podem contemplar diferentes formas de jogar e manusear brinquedos, ocorre no Brasil, desde 1996, os *Jogos dos Povos Indígenas*. Trata-se de um encontro entre as diferentes etnias indígenas brasileiras, onde se busca a celebração de suas manifestações tradicionais relacionadas ao canto, à dança e ao jogo.

Carlos Justino Terena, nascido na Aldeia Terena, no Mato Grosso do Sul, é um dos idealizadores desses jogos. Vejamos sua argumentação em relação à essência desse evento:

> *Em sua sabedoria milenar, a cultura indígena valoriza muito o celebrar. Suas festas são manifestações alegres de amor à vida e a [sic] natureza. Têm como referência em suas tradições a espiritualidade, que é a dimensão da vida criada por um ser superior, tendo nos elementos da natureza – árvores, pássaros, animais, rios, lagos, matas – a grandeza da vida. Essa tradição não tem sentido de coisa passada e sim na busca da memória, que é transmitida e atualizada de geração a geração, respeitando-se assim esses valores, adquirindo o dom da partilha em comemorar uns com os outros, vivendo a gratuidade do festejar. Com a chegada da "nova civilização", as comunidades indígenas criaram outros mecanismos*

políticos, sociais e econômicos. Foi desse contexto que nasceu a ideia da criação dos Jogos dos Povos Indígenas, um segmento que nunca fora antes pensado, cuja função e objetivos ganham cada vez mais o caráter de composição da grande família. Todos participam, promovendo a integração entre as diferentes tribos com sua cultura e esportes tradicionais. Nasce um novo conceito de se fazer, conhecer e se estabelecer uma relação de igualdade com a sociedade envolvente. Somente o esporte possibilitará esse momento de respeito às diferenças e de promover a diversidade cultural étnica que caracteriza os indígenas brasileiros. (Terena, 2009)

Os Jogos dos Povos Indígenas já foram realizados em vários estados. A seguir, temos o Quadro 9.1, que mostra as edições anteriores, locais e datas da realização desse grande evento:

Quadro 9.1 – Edições dos Jogos dos Povos Indígenas

Edição	Local	Ano
I	Goiânia/GO	1996
II	Guaíra/PR	1999
III	Marabá/PA	2000
IV	Campo Grande/MS	2001
V	Marapanim/PA	2002
VI	Palmas/TO	2003
VII	Porto Seguro/BA	2004
VIII	Fortaleza/CE	2005
IX	Recife e Olinda/PE	2007

Fonte: Adaptado de Brasil, 2009.

Vejamos algumas modalidades realizadas nesses jogos: arco e flecha, cabo de guerra, canoagem, atletismo, corrida com tora, *xikunahity*, futebol, arremesso de lança, luta corporal, natação, zarabatana e *rõkrã*.

Entre as modalidades, certamente as menos conhecidas por nós são o *xikunahity* e o *rõkrã*. O primeiro poderia ser comparado a um "futebol de cabeça", no qual os competidores devem tocar a bola somente com a cabeça. As equipes se encontram separadas por uma linha, vencendo aquela que consegue fazer com que a outra não consiga rebater a bola. Obviamente, a bola é feita de materiais da natureza pelos próprios indígenas. É praticada pelos povos Paresi, Nambikwara e Enawêne Nawê. Já o *rõkrã* se assemelha ao jogo de hóquei. Nesse jogo indígena, os competidores usam bastões para fazer uma bola, geralmente um coco, ultrapassar a linha de fundo da equipe oponente.

A corrida de toras é um jogo de profunda significação para o índio. Existem variantes de um povo para outro, quanto ao tamanho, número de participantes, percurso e sentido atribuído à sua prática, que pode consistir, por exemplo, em um teste matrimonial. Nesse caso, um rapaz estaria autorizado a casar quando conseguisse correr com uma tora sobre os ombros. Tal característica confere ao jogo, portanto, um caráter de um rito de passagem, e não somente um aspecto de ludicidade na sua realização. Esta corrida é praticada pelos povos Xavante, Krâho, Kanela e Gavião Kyikatêjê.

Outras modalidades tradicionais

A seguir, apresentamos outras modalidades tradicionais dos jogos praticados pelos povos indígenas:

- *Akô*: prova tradicional realizada pelo povo Gavião Kyikatêjê, no Estado da Paraíba. É uma corrida de velocidade entre duas equipes, em um revezamento de quatro integrantes, no qual se usa uma varinha de bambu como bastão, que é repassado de atleta para atleta.

- *Jãmparti (Iãmparti)*: é uma corrida de tora. Esporte tradicional realizado pelo povo Gavião Kyikatêjê.
- *Kaipy (Kaipâ)*: exercício com arco e flecha, executado pelo povo Gavião Kyikatêjê.
- *Katukaywa*: uma espécie de jogo de futebol em que a bola é "chutada" apenas com o joelho. Esse jogo é praticado pelos indígenas habitantes do Parque Nacional do Xingú, no Mato Grosso.
- *Tihimore*: jogo de arremesso com bola de marmelo, praticado pelas mulheres do povo Paresi, no Mato Grosso.
- Zarabatana: arremesso de dardos com zarabatanas, praticado pelos povos Matis e Mayoruna, do Estado do Amazonas.

Lutas corporais

Entre as modalidades de jogos indígenas, existem também as lutas corporais. São elas:

- *Huka-huka*: praticado pelos povos xinguanos e Bakairi (homens e mulheres).
- *Iwo*: praticado pelo povo Xavante, no Mato Grosso.
- *Idjassú*: praticado pelo povo Karajá, da Ilha do Bananal.
- *Aipenkuit*: praticado pelo povo Gavião Kyikatêjê (homens), do Estado do Pará.

Apresentamos essa modalidade a fim de instigar o leitor a pesquisar sobre essas lutas, observando suas características e regras.

(.)
Ponto final

Neste capítulo, estudamos algumas manifestações de etnias indígenas de nosso país. Pudemos ver o caráter universal do jogo e do brincar presente em todas as culturas e, em especial, nas diversas culturas dos índios brasileiros. Compreendemos que os jogos praticados e brinquedos utilizados pelas etnias que vimos trazem muitas atividades conhecidas e semelhantes às que praticamos.

Indicação cultural

Site

JOGOS INDÍGENAS DO BRASIL. Disponível em: <http://www.jogosindigenasdobrasil.art.br>. Acesso em: 12 jan. 2009.

A sugestão que fazemos para o aprofundamento dos estudos deste capítulo é a visitação ao *site* do projeto *Jogos Indígenas do Brasil*. Nesse *site*, o leitor pode se aprofundar em detalhes e imagens dessa pesquisa que gerou um *kit* com jogos e cartilhas explicativas dos jogos encontrados nas tribos visitadas, sendo distribuídos a 20 mil escolas públicas brasileiras.

Atividades

1. É possível pensar que os jogos apresentam o mesmo simbolismo em todos os contextos culturais? No âmbito dos indígenas brasileiros, que elementos e características marcam seus jogos e brincadeiras?
2. Faça um levantamento na sua região e verifique se há comunidades indígenas próximas às quais você possa ter acesso. Busque levantar algumas práticas de jogos e/ou brinquedos e apresente aos seus colegas.
3. Quais são os propósitos do evento *Jogos dos Povos Indígenas*?
4. Podemos encontrar, na etnia dos Parecis, jogos que remetem a uma prática comum ao contexto urbano moderno de jogar. Que prática é essa?

(10)

O jogo como
recurso pedagógico

Elisandro Schultz Wittizorecki

Estudaremos neste capítulo as possibilidades do jogo como recurso pedagógico para trabalhar as distintas áreas do conhecimento na escola. Já vimos que o jogo e o brincar são fundamentais no desenvolvimento humano, desempenhando um papel essencial na aprendizagem e na construção do conhecimento pela criança. Veremos, nesta parte da obra, algumas possibilidades que o jogo pode representar como recurso pedagógico para trabalhar diferentes saberes na escola.

Quando se fala em jogo, ludicidade ou brincadeira na escola, associa-se equivocadamente a ideia da aula de Educação Física, ao passo que nas aulas de Matemática, Linguagens, Ciências e Estudos Sociais não haveria espaço para brincar. O que queremos desmistificar neste capítulo é que o jogo, como JOGO EDUCATIVO, pode se tornar uma potente ferramenta de trabalho para o professor.

O JOGO EDUCATIVO guarda as mesmas características e propriedades do jogo, mas ele não surge espontaneamente da criança, já que é proposto pelo adulto, com uma intenção clara e o direcionamento para o trabalho de determinado saber, habilidade ou competência. Ou seja, nesse âmbito, o jogo busca a apreensão de determinado conteúdo.

(10.1)
Jogos aplicáveis a atividades pedagógicas

Vejamos alguns jogos dessa ordem que podem potencializar o trabalho na escola:

Jogo da memória

Nesse jogo, o aluno procura associar a imagem da cartela com a grafia correta escrita na outra. Dependendo da etapa da alfabetização, uma variante mais fácil desse jogo seria escrever a grafia em ambas as cartelas.

Bingo

Também chamado de *víspora* em algumas regiões do Brasil, trata-se de um jogo bastante interessante para o reconhecimento de letras e/ou sílabas, as quais o professor vai sorteando e os alunos vão assinalando, se as tiverem. O bingo também poderá ser utilizado no campo da matemática. Nesse jogo, o aluno recebe cartelas com números. São sorteadas operações que os estudantes devem resolver e tentar encontrar os resultados na sua cartela. Se encontrarem, marcam um ponto e o assinalam. Ganha aquele que completar primeiro todos os números de sua cartela.

Dominó das figuras e palavras

Trata-se de uma adaptação do tradicional jogo de dominó, regido pelas mesmas regras, substituindo-se os símbolos usuais por palavras e desenhos. É de fácil elaboração, pois pode ser feito até mesmo de papelão.

Figura 10.1– Dominó das figuras e palavras

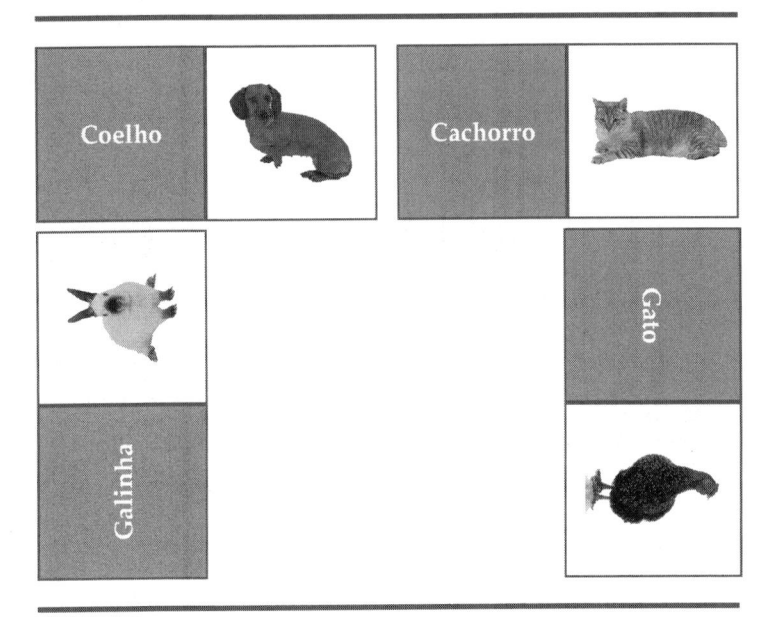

Em uma variante desse jogo, podemos colocar somente uma letra e propor às crianças que associem qualquer desenho que comece com tal letra.

Nessa adaptação do dominó, podemos também trabalhar com outros conceitos, como formas geométricas e cores.

Remontando o texto[a]

Nesse jogo, o professor distribui, entre os participantes, gravuras de palavras que aparecerão em uma pequena história que o próprio professor narrará. Cada vez que um aluno escutar a palavra cuja gravura tem em mãos, este deverá colocá-la em uma mesa, combinada anteriormente, compondo a sequência da história. Vencerá aquele que esgotar primeiro suas gravuras. Para alunos mais avançados, podemos substituir as gravuras pelas próprias palavras.

Palavras em cadeia

Nesse jogo, grupos de participantes se formam. O desafio é formar palavras que comecem com a última letra da palavra proferida, que será deflagrada a partir de um tema escolhido. Por exemplo: se o tema eleito for *animais* e o primeiro grupo falar "girafa", o seguinte deverá proferir algum animal que comece com "A", como "anta", e assim sucessivamente. Cada grupo tem 10 segundos para encontrar uma palavra e cada acerto será pontuado. Vencerá

---

a. Esse jogo e o descrito no próximo tópico foram extraídos do Programa de Extensão Universitária "Quem quer brincar?", da UFRGS. Disponível em: <http://www.ufrgs.br/faced/extensao/brincar/index1.html?>.

a equipe que somar o maior número de pontos em um tempo de jogo combinado anteriormente e ao se somar todas as rodadas, já que, esgotado o interesse por um tema, serão propostos outros, como *cidades, frutas, nomes de pessoas* etc. Uma variante do jogo pode ser a necessidade de proferir e escrever a palavra, sendo pontuada cada ação efetuada corretamente.

Pular corda com separação de sílabas ou composição de palavras

Esse jogo é proposto por Freire (2002), no livro *Educação de corpo inteiro*. Pular corda, em grupo ou individualmente, é inegavelmente um dos jogos infantis mais conhecidos. Freire propõe que dois colegas batam a corda e um terceiro participante entre e pule corda, dizendo, a cada salto, as sílabas de uma palavra que escolheu ou que o professor sugeriu. Assim, ao falar *jabuticaba*, o aluno deverá saltar 5 vezes e, a cada salto, proferir as sílabas *ja-bu-ti-ca-ba*.

Uma variante dessa brincadeira seria atribuir uma letra a cada participante. Assim, no momento em que o professor sugerisse a palavra *caderno*, os alunos detentores dessas letras entrariam e pulariam a corda na ordem em que aparecem na palavra (primeiro o "c", em segundo o "a", e assim sucessivamente).

Também seria possível pedir que todos os integrantes que possuem as letras de dada palavra (*panela*, por exemplo) entrem na corda e pulem juntos, falando as sílabas a cada salto.

Jogo de trânsito

Esse jogo também é descrito por Freire (2002). O professor pode começar perguntando o que existe no trânsito.

Após as primeiras respostas, propõe-se um cenário no qual os alunos estão no trânsito. Pede-se ao grupo que este desenhe com giz, no chão, pistas e sinalizações conhecidas. Sempre partindo do desafio e da provocação ao grupo, pode-se perguntar o que será usado para simular os carros. Podem ser objetos, latas, pneus e até mesmo os próprios participantes, imitando o barulho dos motores.

A seguir, avaliando o nível de conhecimento do grupo acerca do tema e de sua disponibilidade para brincar com ele, o professor pode tornar a brincadeira mais complexa, propondo diferentes veículos (motos, carros, caminhões) e diferentes personagens (pedestres, guardas, motoristas).

De modo geral, podemos ver que as propostas desses jogos vão no caminho de propor problemas e desafios estimulantes à criança, que possam alicerçar as aprendizagens desta em outras áreas do conhecimento.

(10.2)
Jogos corporais *versus* jogos eletrônicos

Numa crítica às práticas escolares, Freire (2002) diz que

> *A escola exige que a criança leia, escreva, calcule, enfim, que compartilhe símbolos, linguagens comuns a uma sociedade. Paradoxalmente, essa atitude socializada deve ser praticada em carteiras que isolam as crianças umas das outras e através de tarefas individuais. Em resumo, exige-se uma atitude socializada através de práticas individualizantes.*

Trata-se, então, de criar ambientes lúdicos e de interação coletiva nos quais a atividade corporal possa ser o fio condutor do jogo. A todo o momento, cabe ao professor estimular a participação dos alunos a narrarem oralmente episódios já vividos, os ensinamentos que podem compartilhar com os colegas, os temores que permanecem, além de discutir coletivamente situações conflitivas que venham a aparecer, assim como suas repercussões.

Com o incremento das Tecnologias da Informação e Comunicação (TICs), não podemos nos esquecer de comentar sobre os jogos com base em recursos midiáticos. Sem dúvida, equipamentos eletrônicos como computadores, videogames e CD-ROMs têm ganhado espaço na vivência cotidiana infantil, sobretudo nas grandes cidades, onde os fantasmas da insegurança, da redução das áreas livres de lazer e da intensa jornada de trabalho de pais/responsáveis colaboram para um crescente quadro de abandono dos jogos corporais em detrimento dos jogos eletrônicos.

O problema reside no seguinte fato: para que a criança se desenvolva de forma satisfatória, esta deve expandir a sua imaginação e a sua corporalidade de forma ativa, em jogos ao ar livre, com o meio natural, em jogos de aventura e em experiências com os amigos. A realidade que se verifica hoje é um pouco diferente, pois a indústria dos jogos eletrônicos e desenhos animados domina uma grande parte do tempo das crianças de hoje, impedindo que a criança usufrua, por assim dizer, de brincadeiras "mais saudáveis", para não dizer "mais sociáveis".

As consequências desse processo são bastante conhecidas: a mais negativa delas, provavelmente, seja a diminuição das ocasiões de reunião das crianças, isto é, das brincadeiras coletivas, tão importantes no aprendizado da vida em grupo e no desenvolvimento do sentimento comunitário. Outra consequência é a eliminação, quase que total, dos brinquedos rústicos, feitos em casa pelas próprias crianças, construídos com materiais simples e baratos.

Como bem argumenta Oliveira (1986), em sua obra *Brinquedo e indústria cultural*, é importante destacar que não se trata de enfatizar ou promover nostalgicamente os brinquedos e as formas de jogos corporais como essencialmente "bons" em detrimento dos brinquedos modernos e eletrônicos como "maléficos". O alerta que emitimos refere-se à questão de que estes têm sido praticamente a única opção dada às crianças modernas. A escola pode e deve estimular a inclusão digital e explorar todos os recursos possíveis para a aprendizagem, ao mesmo tempo em que precisa apresentar e encantar as crianças no que se refere às possibilidades dos jogos (populares, tradicionais, educativos) que viabilizam aprendizagens pela via corporal.

Jogos educativos "ON-LINE"

Atualmente, podemos lançar mão de uma série de jogos, disponíveis tanto para acesso na *web* como em mídias interativas. Vejamos alguns exemplos de jogos educativos eletrônicos que podem ilustrar situações de aprendizagem à criança e que a escola e os professores podem explorar. São eles:

- "OJOGOS": <http://www.ojogos.com.br>.
- SÓ BIOLOGIA – PORTAL DE BIOLOGIA E CIÊNCIAS: <http://www.sobiologia.com.br/jogos.php>.
- ARTE EDUCAR: <http://www.arteeducar.com/st22jgpedg/default221.aspx>.
- LABORATÓRIO DE BRINQUEDOS E MATERIAIS PEDAGÓGICOS (LABRIMP) DA FACULDADE DE EDUCAÇÃO DA UNIVERSIDADE DE SÃO PAULO: <http://www3.fe.usp.br/secoes/labrimp/labrimpcrianca/index.htm>.
- JOGOS EDUCATIVOS INFANTIS: <http://jogoseducativos.jogosja.com>.

Assim como essas indicações, outros tantos *sites* entram diariamente em ação e outros deixam de existir. Cabe ao professor conhecê-los, explorá-los e verificar suas potencialidades educativas. A alfabetização digital é imprescindível na atualidade e e, por meio do jogo, pode-se construir ludicamente a apropriação dessas ferramentas pela criança.

(10.3)
Construindo jogos e brinquedos com base em materiais alternativos

Saindo da perspectiva eletrônica, existe a possibilidade de se explorar as habilidades dos alunos com outras formas de brinquedos, como aqueles feitos com materiais que se quebraram, que perderam o seu uso original ou que não servem mais. Alguns autores chamam tais materiais de *sucata*. Podemos citar alguns exemplos de materiais que podem ser usados na construção de jogos e brinquedos de uma forma muito proveitosa: tampas de garrafa, caixa de papelão ou isopor, barbantes/cordões, restos de tecido ou madeira, garrafas plásticas, latas etc. É importante lembrar que esses materiais devem estar devidamente higienizados e que não podem oferecer riscos àqueles que vão manipulá-lo.

O uso da sucata não deve dispensar outros jogos e brinquedos "prontos", industrializados. Mas sua construção artesanal e a transformação de algo "aparentemente" descartável em um jogo ou brinquedo já constituem uma brincadeira.

Valores como a criatividade, o trabalho em grupo, a autonomia e a ressignificação de objetos podem ser trabalhados com as crianças em atividades de construção de brinquedos a partir da sucata. Vejamos alguns exemplos:

Vaivém

Trata-se de um brinquedo que se usa em duplas. Pode ser feito de garrafas descartáveis (do tipo PET), 2 m de uma corda fina e forte e 4 pedaços pequenos de madeira, que serão as empunhaduras dos jogadores.[b]

O desafio consiste em um dos participantes tentar lançar a garrafa para o lado oposto ao seu, afastando as cordas com as mãos, tentando fazer tocar na empunhadura do oponente.

Boliche

Também feito de garrafas descartáveis (do tipo PET), cheias com um pouco de areia, para que tenham sustentação na hora do jogo. Elas serão numeradas de 1 a 10 e os jogadores, a uma certa distância, tentarão derrubá-las com uma bola de borracha. A pontuação dos jogadores é obtida pela somatória dos números das garrafas derrubadas.

Uma variante desse jogo pode ser a substituição da bola por arcos, sendo objetivo principal tentar acertar as garrafas com eles. O jogo segue a mesma regra de pontuação. Trata-se de um interessante jogo matemático!

---

b. Você pode ver orientações de como construir um vaivém no *link*: <http://www.fabricadebrinquedos.com.br>.

Bilboquê

Jogo que trabalha a coordenação motora e a noção de espaço. Pode ser feito com uma lata de tampa plástica, uma vareta relativamente grossa e firme ou um pequeno bastão de madeira, além de um cordão/barbante. A lata deverá ser furada em ambas as extremidades. O cordão passará pela extremidade metálica da lata e ficará preso a ela por meio de um nó. A ponta é amarrada na vareta ou bastão[c]. O jogo consiste em lançar a lata e tentar encaixar a sua extremidade plástica (que já estará furada) no bastão.

Passa-bola

Usa-se duas garrafas PET cortadas ao meio. O jogador manuseia a parte da garrafa na qual é acoplada a tampa. O objetivo é jogar uma pequena bola (de tênis, borracha ou de meia) para cima e encaixá-la na garrafa sem deixar cair no chão. Posteriormente, joga-se em duplas, trios ou quartetos, passando a bola de um para outro.

Quebra-cabeças

O uso de caixas de creme dental ou de fósforo de mesmo tamanho pode ser uma forma alternativa de se montar um quebra-cabeça. Retira-se uma gravura de uma revista ou jornal e recorta-se um número determinado de "fatias", dependendo do número de caixas (geralmente 5 ou 6). Cola-se cada "fatia" na lateral de uma caixa e logo teremos um belo quebra-cabeça.

Uma outra alternativa pode ser a substituição da gravura do jornal/revista por um desenho/pintura feito

---

c. Você pode ver orientações de como construir um bilboquê no *link*: <http://www.fabricadebrinquedos.com.br>.

coletivamente numa cartolina e que será recortado e colado nas mesmas caixas, gerando um quebra-cabeças maior.

Construção de bolas com base em balões

A ideia é transformar o balão em algo que se assemelhe funcionalmente a uma bola, construída com base em material alternativo. Trata-se de um material de baixo custo, que não oferece risco, pois é leve e propicia diversas vivências e possibilidades às crianças. Como muitas escolas não dispõem de recursos para contar com uma bola por estudante, e estes possuem um grande fascínio por esse material, entendemos que a construção de bolas "alternativas" pode ser uma opção de grande valia para o professor.

Cada criança recebe um balão e deverá enchê-lo (não demasiadamente), brincando e explorando as suas possibilidades. Em um segundo momento, o professor convidará as crianças a transformar os balões, demonstrando o que ele fará com o seu próprio balão:

1. Irá envolvê-lo com 4 ou 5 folhas de jornal, mantendo seu formado esférico.
2. Uma vez envolvido, colocará o balão dentro de uma sacolinha plástica (como as de mercado, por exemplo).
3. A seguir, passará a fita crepe sobre a sacola, de modo a deixar esse material mais firme e ganhar um contorno mais esférico possível. O professor deverá deverá dar uma atenção maior aos alunos nessa etapa.

Nesse processo de construção de jogos e brinquedos, é importante que o professor envolva todos os alunos em todas as etapas do trabalho e não se preocupe com a deterioração dos materiais, já que, por serem feitos de sucata, terão de qualquer forma uma menor durabilidade. (2000)

O fundamental é que a criança manuseie e aprenda com o brinquedo ou jogo construído.

(.)

Ponto final

Neste capítulo, estudamos os jogos como uma poderosa ferramenta pedagógica para se trabalhar diferentes saberes no ambiente escolar. O jogo realizado como conteúdo da escola deve ser aquele que se integra em um plano de ação pedagógica com objetivos educacionais bem definidos. Compreendemos que o jogo e o brincar são ATIVIDADES-FINS, essenciais no desenvolvimento da criança, mas podem ser também utilizados como ATIVIDADES-MEIO, ou seja, como estratégia para auxiliar no processo de letramento, de compreensão das regras sociais ou das noções lógico-matemáticas.

Indicações culturais

Livros

FREIRE, J. B. *Educação de corpo inteiro*. 4. ed. São Paulo: Scipione, 1999.

Nessa obra, o autor analisa diversos jogos infantis e atividades de exploração de materiais, explicando as funções pedagógicas que estes podem desempenhar.

MACHADO, M. M. *O brinquedo-sucata e a criança*. São Paulo: Loyola, 1993.

SANTOS, S. M. P. dos. *Brinquedoteca*: sucata vira brinquedo. Porto Alegre: Artes Médicas, 1995.

Nesses últimos dois livros, são discutidos e exemplificados diferentes possibilidades de uso e transformação da sucata em brinquedos e jogos educativos.

Atividades

1. Como você definiria o jogo educativo?
2. Comente com seus colegas alguns jogos educativos que você conhece e que trabalhem algum tipo de saber, habilidade ou conteúdo de modo mais direcionado.
3. Que cuidados são importantes ao se propor a construção de jogos com materiais alternativos?
4. Que valores podemos trabalhar com as crianças ao propormos a construção de jogos e brinquedos a partir de materiais alternativos?

Referências

ABERASTURY, A. *A criança e seus jogos*. Porto Alegre: Artes Médicas, 1992.

ALMEIDA, P. N. de. *Educação lúdica*: técnicas e jogos pedagógicos. 11. ed. São Paulo: Loyola, 1987.

AMARAL, S. C. F. Espaços e vivências públicas de lazer em Porto Alegre: da consolidação da ordem burguesa à busca da modernidade urbana. *Revista Brasileira de Ciências do Esporte*, Campinas, v. 23, n. 1, p. 109-121, set. 2001.

ARCOVERDE, T. L. Formação médica: (des) construção do sentido da profissão – a trajetória da representação social. *Revista Brasileira de Educação Médica*, Rio de Janeiro, v. 31, n. 2, p. 191, maio/ago. 2007.

ARIÈS, P. *História social da criança e da família*. Rio de Janeiro: Guanabara, 1981.

BENJAMIN, W. *Reflexões*: a criança, o brinquedo, a educação. São Paulo: Summus, 1984.

BOBBIO, N. *Estado, governo, sociedade*: por uma teoria geral da política. Rio de Janeiro: Paz e Terra, 1987.

BONETI, L. W. *Políticas públicas por dentro*. Ijuí: Ed. da Unijuí, 2006.

BRAGA, C. F. *Recreação e jogos*: informações técnico-pedagógicas. Brasília: [s.n.], 1977.

BRASIL. Conselho Nacional dos Direitos da Criança e do Adolescente. Resolução n. 41, de 13 de outubro de 1995. *Diário Oficial da União*, Brasília, DF, 17 out. 1995.

Disponível em: <http://www.mp.rs.gov.br/infancia/legislacaoc/legislacaoc/id2178.htm>. Acesso em: 9 jan. 2009.

BRASIL. Constituição (1988). *Diário Oficial da União*, Brasília, DF, 5 out. 1988. Disponível em: <http://www.planalto.gov.br/ccivil_03/Constituicao/Constitui%C3%A7ao.htm>. Acesso em: 13 jan. 2009.

BRASIL. Ministério da Saúde. Portaria n. 2.261/GM, de 23 de novembro de 2005. *Diário Oficial da União*, Brasília, DF, Poder Executivo, 24 nov. 2005. Disponível em: <http://bvsms.saude.gov.br/bvs/saudelegis/gm/2005/prt2261_23_11_2005.html>. Acesso em: 16 mar. 2012.

_____. *Programa nacional de humanização da assistência hospitalar*. Brasília: Secretaria de Assistência à Saúde, 2001. Disponível em: <http://bvsms.saude.gov.br/bvs/publicacoes/pnhah01.pdf>. Acesso em: 1º fev. 2009.

BRASIL. Ministério do Esporte do Brasil. *Jogos indígenas*. Disponível em: <http://portal.esporte.gov.br/sndel/jogos_indigenas/default.jsp>. Acesso em: 13 jan. 2009.

BROTTO, F. O. *Jogos cooperativos*: o jogo e o esporte como um exercício de convivência. Santos: Projeto Cooperação, 2001.

_____. *Jogos cooperativos*: se o importante é competir, o fundamental é cooperar. Santos: Projeto Cooperação, 2003.

BROUGÈRE, G. A criança e a cultura lúdica. In: KISHIMOTO, T. M. (Org.). *O brincar e suas teorias*. São Paulo: Pioneira, 2002.

_____. *Jogo e educação*. Porto Alegre: Artes Médicas, 1998.

BRUHNS, H. T. (Org.). *Temas sobre lazer*. Campinas: Autores Associados, 2000.

CAMARGO, L. O. de L. *O que é lazer*. São Paulo: Brasiliense, 1989.

CARVALHO, A. M.; BEGNIS, J. G. Brincar em unidades de atendimento pediátrico: aplicações e perspectivas. *Psicologia em Estudo*, Maringá, v. 11, n. 1, p. 109-117, jan./abr. 2006.

CARVALHO, Y. M. Promoção da saúde, práticas corporais e atenção básica. *Revista Brasileira de Saúde da Família*, Brasília, v. 7, p. 33-45, 2006.

CATUNDA, R. *Brincar, criar, vivenciar na escola*. Rio de Janeiro: Sprint, 2005.

CECCIM, R. B.; FONSECA, E. S. Classe hospitalar: buscando padrões referenciais de atendimento pedagógico-educacional à criança e ao adolescente hospitalizados. *Integração*, Brasília, v. 9, n. 21, p. 31-40, 1999.

CERVANTES, C. T. O jogo tradicional na socialização das crianças. In: MURCIA, J. A. M. (Org.). *Aprendizagem através do jogo*. Porto Alegre: Artmed, 2005. p. 109-122.

CHATEAU, J. *O jogo e a criança*. São Paulo: Summus, 1987.

COHN, A. Os governos municipais e as políticas sociais. In: SOARES, J. A.; CACCIA-BAVA, S. (Org.). *Os desafios da gestão municipal democrática*. São Paulo: Cortez, 1998.

CORREIA, M. M. Jogos cooperativos: perspectivas, possibilidades e desafios na educação física escolar. *Revista Brasileira de Ciências do Esporte*, Campinas, v. 27, n. 2, p. 149-164, jan. 2006.

DEBORTOLI, J. A. Educação infantil e conhecimento escolar: reflexões sobre o brincar na educação de crianças pequenas. In: CARVALHO, A. et al. (Org.). *Brincar(es)*. Belo Horizonte: Ed. da UFMG, 2005. p. 65-82.

DIAS NETO, R. Pe. Lissére... Litchére... Likére. Afinal, o que é lícito? *Licere*, Belo Horizonte, v. 2, n. 1, 1999.

DUMAZEDIER, J. *Lazer e cultura popular*. São Paulo: Perspectiva, 1976.

FALKENBACH, A. *A relação professor/criança em atividades lúdicas*: a formação pessoal dos professores. Porto Alegre: EST, 1999.

FEIX, E. *Lazer e cidade na Porto Alegre do início do século XX*: institucionalização da recreação pública. 2003. Dissertação (Mestrado em Ciências do Movimento Humano) – Universidade Federal do Rio Grande do Sul, Porto Alegre, 2003.

FERREIRA, M. P. A.; MARCELLINO, N. C. (Org.). *Brincar, jogar, viver*: Programa Esporte e Lazer da Cidade. Brasília: Ministério dos Esportes, 2007. v. 1.

FERREIRA, S. et al. *Recreação jogos recreação*. 3. ed. Rio de Janeiro: Sprint, 1998.

FERREIRA, V. *Educação física*: recreação, jogos e desportos. Rio de Janeiro: Sprint, 2002.

FORTUNA, T. R. *Medo inibe professor de "brincar em sala de aula"*. 2003. Disponível em: <http://www2.uol.com.br/aprendiz/guiadeempregos/educadores/noticias/ge240903.htm#1>. Acesso em: 14 set. 2008.

FREIRE, J. B. *Educação de corpo inteiro*: teoria e prática da educação física. 4. ed. São Paulo: Scipione, 2002.

_____. *O jogo*: entre o riso e o choro. 2. ed. Campinas: Autores Associados, 2005. (Coleção Educação Física e Esportes).

FREIRE, P. *Pedagogia da autonomia*: saberes necessários à prática educativa. 7. ed. São Paulo: Paz e Terra, 1998.

FREUD, A. *Psicoanálisis del desarrollo del niño y del adolescente*. Barcelona: Paidós, 1980.

FREUD, S. Além do princípio do prazer, Psicologia de grupo e outros trabalhos (1920-1922). Rio de Janeiro: Imago, 1996. v. 18. (Coleção Obras Psicológicas de Sigmund Freud).

FRIEDMANN, A. *Brincar*: crescer e aprender: o resgate do jogo infantil. São Paulo: Moderna, 1996.

FUENTES, M. T. M. Evolução do jogo ao longo do ciclo vital. In: MURCIA, J. A. M. (Org.). *Aprendizagem através do jogo.* Porto Alegre: Artmed, 2005. p. 29-44.

FUNDAÇÃO NACIONAL DO ÍNDIO. *Modalidades dos VI Jogos Indígenas.* Disponível em: <http://www.funai.gov.br/indios/jogos/novas_modalidades.htm>. Acesso em: 13 jan. 2009.

GARÓFANO, V. V.; CABEDA, J. L. C. O jogo no currículo da educação infantil. In: MURCIA, J. A. M. (Org.). *Aprendizagem através do jogo.* Porto Alegre: Artmed, 2005. p. 59-88.

GOMES, C. L. Reflexões sobre os significados de recreação e de lazer no Brasil e emergência de estudos sobre o assunto (1926-1964). *Conexões,* Campinas. v. 1, n. 2, p. 1-14, 2003. Disponível em: <http://grupootium.files.wordpress.com/2011/06/reflexc3b5es-sobre-os-significados-de-recreac3a7c3a3o-e-de-lazer-no-brasil-e-emergc3aancia-de-estudos-sobre-o-assunto.pdf>. Acesso em: 17 jan. 2009.

GUERRA, M. *Recreação e lazer.* 5. ed. Porto Alegre: Sagra-Luzzatto, 1996.

HUIZINGA, J. *Homo ludens:* o jogo como elemento da cultura. 5. ed. São Paulo: Perspectiva, 2004.

JERUSALINSKY, A. *Psicanálise e desenvolvimento infantil.* Porto Alegre: Artes e Ofícios, 1999. (Coleção Letra Psicanalítica).

KAMII, C.; DEVRIES, R. *Jogos em grupo na educação infantil:* implicações da teoria de Piaget. São Paulo: Trajetória Cultural, 1991.

KISHIMOTO, T. M. *Jogo e a educação infantil.* São Paulo: Pioneira, 1994.

KLEIN, M. *Psicanálise da criança.* São Paulo: Mestre Jou, 1981.

LACAN, J. *Escritos.* Rio de Janeiro: J. Zahar, 1998.

LAZER. In: NOVO DICIONÁRIO ELETRÔNICO AURÉLIO DA LÍNGUA PORTUGUESA: versão 5.0. 3. ed. Curitiba: Positivo, 2004. 1 CD-ROM.

LINDQUIST, I. *A criança no hospital:* terapia pelo brinquedo. São Paulo: Scritta, 1993.

_____. Brincar no hospital. In: FRIEDMANN, A. et al. (Org.). *O direito de brincar.* São Paulo: Scritta, 1996. p. 127-137.

MARCELLINO, N. C. *Estudos do lazer:* uma introdução. Campinas: Papirus, 1996.

_____. *Lazer e educação.* Campinas: Papirus, 1987.

_____. (Org.). *Lazer e esporte.* Campinas: Autores Associados, 2001.

_____. *Lazer e humanização.* Campinas: Papirus, 1983.

_____. (Org.). *Políticas públicas de lazer.* Campinas: Alínea, 2008. (Coleção Estudo do Lazer).

MASCARENHAS, F. *Lazer como prática de liberdade.* Goiânia: Ed. da UFG, 2003.

MASETTI, M. *Soluções de palhaços:* transformações na realidade hospitalar. São Paulo: Palas Athena, 1998.

MITRE, R. M. de A.; GOMES, R. A promoção do brincar no contexto da hospitalização infantil como ação de saúde. *Ciência & Saúde Coletiva,* Rio de Janeiro, v. 9, n. 1, p. 147-154, 2004. Disponível em: <http://www.scielosp.org/scielo.php?script=sci_arttext&pid=S1413-81232004000100015&lng=en&nrm=iso>. Acesso em: 1º fev. 2009.

MULLER, P.; SUREL, Y. *A análise das políticas públicas.* Pelotas: Educat, 2004.

MURCIA, J. A. M. (Org.). *Aprendizagem através do jogo.* Porto Alegre: Artmed, 2005.

NEGRINE, A. *Aprendizagem e desenvolvimento infantil.* Porto Alegre: Edita, 1998. v. 3.

_____. Concepção do jogo em Vygotsky: uma perspectiva psicopedagógica. *Movimento,* Porto Alegre, v. 2, n. 2, p. 6-23, jun. 1995.

OLIVEIRA, P. de S. *Brinquedo e indústria cultural.* Petrópolis: Vozes, 1986.

ORIGEM – JOGOS E OBJETOS. *Projeto Jogos Indígenas do Brasil.* Coordenação Geral de Maurício Lima. 2003/2004. 1 CD-ROM.

ORLICK, T. *Vencendo a competição.* São Paulo: Círculo do Livro, 1989.

PEREIRA, E. T. Brincar e criança. In: CARVALHO, A. et al. (Org.). *Brincar(es).* Belo Horizonte: Ed. da UFMG, 2005. p. 17-28.

PIAGET, J. *A formação do símbolo na criança:* imitação, jogo e sonho, imagem e representação. 3. ed. Rio de Janeiro: Zahar, 1978.

PINHO, L. A. et al. Projeto Brincar: experiência e memória de brincadeiras na educação básica e na formação de professores. In: CARVALHO, A. (Org.). *Brincar(es).* Belo Horizonte: Ed. da UFMG, 2005. p. 103-113.

PINTO, L. M. S. de M. A recreação/lazer no jogo da educação física e dos esportes. *Revista Brasileira de Ciências do Esporte,* Campinas, v. 12, n. 1, p. 289-293, 1992.

PRATES, A. de A. Utilizando a sucata. *Revista do Professor,* Porto Alegre, v. 16, n. 63, p. 22-28, jul./set. 2000.

REQUIXA, R. *O lazer no Brasil.* São Paulo: Brasiliense, 1977.

RODRIGUES, D. *Atividade motora adaptada:* a alegria do corpo. São Paulo: Artmed, 2006.

SAGGESE, E. S. R.; MACIEL, M. de A. O brincar na enfermaria pediátrica: recreação ou instrumento terapêutico? *Pediatria Moderna,* São Paulo, v. 32, n. 3, p. 290-292, jun. 1996.

SANTA ROZA, E. *Quando brincar é dizer.* Rio de Janeiro: Contracapa, 1999.

SANTA ROZA, E. Um desafio às regras do jogo. In: SANTA ROZA, E.; REIS, E. S. (Org.). *Da análise na infância ao infantil na análise*. Rio de Janeiro: Contracapa, 1997. p. 161-188.

SCHAFF, I. A. B. Espaço público de lazer esportivo por cidadão de Porto Alegre: constituição de um critério de investimento para o poder público municipal. In: CONGRESSO BRASILEIRO DE CIÊNCIAS DO ESPORTE, 8., 2003, Caxambú. *Anais...* Caxambú: CBCE, 2003. 1 CD-ROM.

SCHILLER, F. *A educação estética do homem*: numa série de cartas. São Paulo: Iluminuras, 1995.

SOARES, J. A.; CACCIA-BAVA, S. (Org.). *Os desafios da gestão municipal democrática*. São Paulo: Cortez, 1998.

SOLER, R. *Brincando e aprendendo com os jogos cooperativos*. Rio de Janeiro: Sprint, 2005.

STIGGER, M. P. Políticas públicas em esporte e lazer: considerações sobre o papel do profissional educador. In: MARCELLINO, N. C. (Org.). *Formação e desenvolvimento de pessoal em lazer e esporte*. Campinas: Papirus, 2003. p. 101-120.

_____. Políticas sociais em lazer, esportes e participação: uma questão de acesso e de poder; ou subsídios para tomar uma posição frente à pergunta: "são as políticas públicas para educação física, esportes e lazer, efetivamente políticas sociais?" *Motrivivência*, Florianópolis, v. 11, p. 83-96, set. 1998.

TAVARES, J. A. Forças motrizes da política no limiar do século XXI. In: SCHÜLER, F.; BARCELLOS, M. de A. (Org.). *Fronteiras*: arte e pensamento na época do multiculturalismo. Porto Alegre: Sulina, 2006.

TERENA, C. J. *Jogos dos povos indígenas*. Disponível em: <http://www.funai.gov.br/indios/jogos/jogos_indigenas.htm>. Acesso em: 13 jan. 2009.

UNIVERSIDADE FEDERAL DO RIO GRANDE DO SUL. *Programa de Extensão Universitária "Quem quer brincar?"*. Disponível em: <http://www.ufrgs.br/faced/extensao/brincar/index1.html>. Acesso em: 13 jan. 2009.

VIEIRA, T.; CARVALHO, A.; MARTINS, E. Concepções de brincar na psicologia. In: CARVALHO, A. et al. (Org.). *Brincar(es)*. Belo Horizonte: Ed. da UFMG, 2005. p. 29-50.

WERNECK, C. L. G. *Lazer, trabalho e educação*: relações históricas, questões contemporâneas. Belo Horizonte: Ed. da UFMG, 2000.

WINNICOTT, D. W. *O brincar e a realidade*. Rio de Janeiro: Imago, 1975.

ZOBOLI, F.; BARRETO, S. de J. A corporeidade como fator de inclusão das pessoas em condição de deficiência. In: RODRIGUES, D. *Atividade motora adaptada*: a alegria do corpo. São Paulo: Artmed, 2006. p. 71-79.

Gabarito

Capítulo 1
1. Resposta pessoal.
2. Resposta pessoal.
3. Cultura, atitude, tempo.
4. Resposta pessoal.
5. Resposta pessoal.

Capítulo 2
1. A primeira: o jogo se associa à noção de brincar; a segunda: uma dinâmica predefinida e difundida em determinado contexto; e a terceira associada a brinquedos.
2. a
3. b
4. Resposta pessoal.
5. Voluntária; obrigatórias; tensão; alegria; vida cotidiana.

Capítulo 3
1. c
2. b
3. Traumáticas; conflitivas; dolorosas; temores; conflitos.
4. Resposta pessoal.
5. As distinções entre o jogo simbólico e o jogo de regra consistem

fundamentalmente no fato de o primeiro lançar mão do faz de conta, ou seja, ele usufrui da fantasia e do imaginário para vivenciar o jogo. Já o segundo se estrutura a partir das combinações coletivas de tempo, espaço, material e regramento, implicando ações articuladas com outros colegas do grupo.

Capítulo 4

1. Valores; princípios; cognitiva; motora; afetivo-social.
2. É preciso observar e analisar a criança na situação de jogo, primeiro favorecendo um clima de confiança e diálogo, para depois criar situações que lhe inspirem desafios adequados as suas possibilidades.
3. Resposta pessoal.
4. A sequência correta, de cima para baixo, é: b, d, a, c.
5. Porque nem sempre é necessário o esforço no jogo, o que pode gerar tensão e desprazer. No entanto, a insatisfação com o resultado muitas vezes não anula o prazer do processo do jogo, daí porque ser delicado associar diretamente jogo e prazer.

Capítulo 5

1. Jogador; corporalmente; regras.
2. Melhorar a disponibilidade corporal do futuro professor a partir de vivências corporais que possibilitem a conscientização das limitações, facilidades e potencialidades que cada um apresenta na relação consigo mesmo, com os objetos e com os demais colegas.
3. Provocar e desafiar a participação coletiva na busca de encaminhamentos e resolução de problemas; possibilitar à criança um espaço para o que ela sabe do jogo; estar atento ao todo e a cada estudante, de modo que se possa construir uma leitura do grupo e acompanhar as atitudes e evoluções de cada criança.
4. Refletir sobre como lidamos com a situação de jogo, perceber como nos dispomos corporalmente, como lidamos com as regras e que materiais nos atraem mais a brincar. Também podemos analisar que posturas determinadas atividades e materiais nos despertam: competição, isolamento, solidariedade, generosidade, exclusão dos pares, agressividade, alegria, temor, desafio, rejeição, confiança.

Capítulo 6

1. Com; unir; coletivo; desafio; obstáculo.
2. A cooperação representaria um processo no qual os objetivos são comuns, as ações são compartilhadas e os benefícios são distribuídos para todos. Já a competição é um processo no qual os objetivos são mutuamente exclusivos, as ações são isoladas ou em oposição umas às outras, e os benefícios são concentrados somente para alguns.
3. Os jogos cooperativos surgiram há milhares de anos, quando membros das comunidades tribais se uniram para celebrar a vida. Há indícios de que outros povos, como os aborígenes australianos, índios norte-americanos, brasileiros, entre outros, praticam a vida cooperativamente por meio da dança, dos jogos e de outros rituais.
4. Resposta pessoal.
5. Ler o jogo, propondo intervenções e problematizações adequadas, além de permitir que os sujeitos que dele participam possam exteriorizar suas insatisfações, dúvidas e dificuldades quanto à dinâmica e às finalidades do jogo.

Capítulo 7

1. Podemos citar o afastamento da criança do seu ambiente doméstico, da sua família, dos seus objetos e da sua alimentação costumeira, além do distanciamento da escola, dos amigos e dos horários habituais. Isso sem falar do medo do desconhecido e das situações de morte que ela presencia ou a que está sujeita, em função de sua patologia.
2. São cuidados necessários: higienização e guarda dos materiais, brinquedos e espaços utilizados, além da garantia de um local adequado à vivência de atividades lúdicas.
3. As críticas apresentadas referem-se ao entendimento de que, nessa perspectiva, o brincar é utilizado como ferramenta essencial para proporcionar às crianças atividades agradáveis e divertidas, que amenizariam o sofrimento advindo do contexto de internação hospitalar. O princípio dessa ação seria a compreensão de que o riso é a essência da criança.
4. Resumidamente, a recreação terapêutica não terá o objetivo de alterar fatores clínicos patogênicos, mas introduzir uma modalidade de intervenção em um quadro no qual há um tipo de doença que não se pode curar. Essa intervenção que estamos nomeando de *recreação terapêutica* possibilitaria que a experiência possivelmente dolorosa do paciente possa ser reelaborada, ou seja, é desejável que a criança, ao brincar, acesse instrumentos e situações que permitam que ela simbolize seus sentimentos.

Capítulo 8
1. Resposta pessoal.
2. Resposta pessoal.
3. Resposta pessoal.
4. Resposta pessoal.

Capítulo 9
1. Não. No contexto do indígena brasileiro, as manifestações de jogos e brincadeiras estão atreladas aos elementos da natureza, aos rituais, às crenças, aos costumes, às formas de ver o mundo e à vida que cada etnia partilha.
2. Resposta pessoal.
3. É um evento que busca propiciar um encontro entre as diferentes etnias indígenas brasileiras, no qual se celebram suas manifestações tradicionais relacionadas ao canto, à dança e ao jogo.
4. A aposta.

Capítulo 10
1. O jogo educativo tem as mesmas características e propriedades do jogo, mas não surge espontaneamente da criança, já que o jogo é proposto pelo adulto, com uma intenção clara e direcionada para o trabalho de determinado saber, habilidade ou competência. Ou seja, nesse âmbito, o jogo busca a apreensão de determinado conteúdo.
2. Resposta pessoal.
3. Devem estar devidamente limpos e higienizados, além de não oferecerem risco àqueles que vão manipulá-lo.
4. Podem ser trabalhados valores como a criatividade, o trabalho em grupo, a autonomia e a ressignificação dos objetos.

Impressão: BSSCARD
Agosto/2013